自己肯定感を高めるインテリアブック

中島 輝

朝日新聞出版

はじめに

こんにちは、心理カウンセラーの中島輝《なかしまてる》です。

私は普段、自己肯定感を高め、心を楽にして生きるためのさまざまな方法や心の持ち方、習慣のコツなどについて、講演でお話ししたり、あるいは本やラジオを通して、多くの方にお伝えしています。1万5000人を超えるクライアントにカウンセリングも行ってきました。

こうした活動をしている中で、深刻なメンタル不調を抱えてはいないものの、心がもやもやする、何だか気分が停滞気味、自分に自信が持てない、自分が好きになれないなどなど……このように気持ちが安定しない状態が続いているという相談を多く受けます。こうした心の変化は、自己肯定感が低くなって起こるのです。しかし、自己肯定感は浮き沈みがあり、自分で回復することができる、それがわかるとみなさん少しほっとした顔をされます。

自己肯定感は、自分を価値ある存在として受け入れられる、人生の軸となるエネルギーのようなものです。その高低の動きが物事の考え方や行動力に強い影響を与えるのです。

私はかつて、自己嫌悪感を持ったり、自己否定をしたりした経験があり、35歳までは引きこもり状態でした。困難な家庭状況による複数の疾患に悩まされながらも、それを脱するために、自己肯定感について独学で学んだセラピー、カウンセリング、コーチングを10年以上繰り返し実践してきました。

そこから得たのは、抱えている悩み自体を解決しようとしなくても、自己肯定感を高めるだけで悩みはなくなってしまうということでした。

こうした背景もあり、自己肯定感を高めるために、さまざまな活動をしてきたわけです。

そこで、今回は、本書を通して、自己肯定感は住まいの環境を整えることで高めることができるというテーマで、みなさんにお伝えする機会を得ました。毎日暮らす場がいかに心に影響を与え、自己肯定感を育むために重要なのかを知っていただきたいのです。自分らしいインテリアにすることで心が安定し、自己肯定感を取り戻せる、そんな体験をしていただきたいと思っています。

コロナ禍でリモートワークが普及し、家で過ごす時間が多くなりました。生活スタイルが変化したことで、住まいへのこだわりは以前よりも強くなったという人は少なくありません。整理整頓されたキッチン、必要最低限の装飾品、効率的な家具配置、整頓された私物、整理された収納場所……居住空間が整理され、心地よく整頓されていると、心の負担が軽減されて、気持ちがすっきりし落ち着くことができます。日々の生活にポジティブな影響を与えます。

自分の心が躍るインテリアを目にしていますか？
自分が落ち着くインテリアをおいていますか？
自分がワクワクするインテリアを知っていますか？

自分に合ったインテリアにすると、内側から輝き始めて人生が大きく動き出していくのです。

心を安定させるインテリアは人によって異なるもの。それを知る手がかりも本書で紹介します。

住まいの環境は今日の心に作用します。

さあ、本書を参考に、ちょっとインテリアを変えてみましょう！

２０２４年１月

中島　輝

CONTENTS

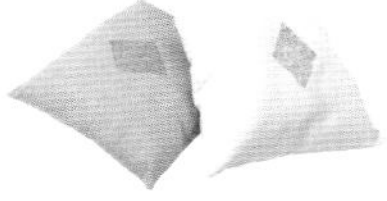

CONTENTS

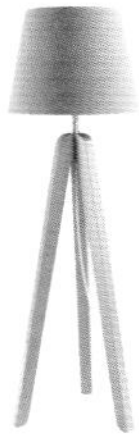

Part 3

自己肯定感UP！ お悩み解決のインテリア&片づけ術　113

Part 4

ポジティブ脳をつくる暮らしの習慣　139

CONTENTS

Prologue

心地よい住まい環境は自己肯定感を育む

住まいの環境と心はつながっています。
部屋のインテリア、掃除や片づけで
環境をリセットすれば、心が安定して
前向きな思考にマインドセット！

自己肯定感と住環境1

自己肯定感は幸せに生きる力 誰でも高くキープできる

この本は「インテリアで部屋を整えることで自己肯定感を高める！」という趣旨の本です。では最初に少し、自己肯定感についてお話ししましょう。自己肯定感というと難しい感じがしますが、自分は自分のままでいいと受け入れている感覚のことです。**自己肯定感が高いというのは、どんなことがあっても自分に「YES！ OK！」と言える状態**です。

このように言える人は自分を信じる気持ちが根底にある人。周囲からどう思われていても気になりませんし、他人に注意されても落ち込まず、自分はもっと成長できる！と前向きにとらえることができます。物事がうまくいかなかったり失敗をしたりすると、誰もが「自分はダメな人間だな」と凹みますが、自己肯定感が高いと、たとえそのような感情を抱いたとしても、その思いに押しつぶされることはありません。立ち直りが早いのです。

自己肯定感が高いほど生きやすく、幸せに生きていくことができるんですね。

逆に、自己肯定感が低い場合は、ささいなことで「自分はダメな人間だ」「自分には価値がない」という認識に陥りがち。いつも他人と自分を比べたり、他人の目を気にしたりしているので、心

自己肯定感の 高い人 & 低い人

人生を楽しみたい
自分には価値がある
自分にはできる
自分が好き
自分は今のままでいい
自分を信じられる
自分で何でも決められる
高い人
どうせ自分にはできない
自分はダメな人間だ
自分が嫌い
毎日が楽しくない
何事も面倒くさく感じる
自分には決められない
自分は必要とされていない
低い人

自己肯定感は、幸せに生きるためのエネルギー源！　自己肯定感が低くネガティブな感情を放置していると自分はダメな人間→どうせできない→行動できない→成功体験が積めない→ダメ人間……と負のループへまっしぐら。自己肯定感の浮き沈みは誰にでもあることです。自己肯定感を高い状態に保てば、その浮き沈みも小さくなります。

はヘトヘト状態です。そして、自分の人生を悲観的にとらえるようになります。これでは毎日が楽しいはずはありません。

本書を手にとっている方の中には、私は自己肯定感が低いほうかも……と思っている人がいるかもしれません。

自分のSNSにつく「いいね」が気になって仕方がない、嫌だ、つらい、疲れたといったネガティブな言葉をつい発してしまう、恋人がいないと不安になってしまう、毎日が忙しく健康や美容にあまり興味が持てない、他人が思い通りに動いてくれないとイライラする、一度決めたことに迷うことが多々ある、新しいことにトライしたいと思っても、どうせ自分にはできないと勝手に限界を決めてしまっている、鏡を見るといつも自分の欠点を探してしまっている、などなど。

こうした状態がいつも出ている、強く出てしまうといったとき、あなたの自己肯定感は低くなっている可能性大です。

でも、安心してください。生まれつき自己肯定感が低いという人はいません！　また、自己肯定感はさまざまな要因によって浮き沈みのあるもの。毎日ゆらいでいるということも知っておいてください。自己肯定感が低いと思い込んでいる人でも、ちょっとしたことがきっかけで、自己肯定感は簡単に上げることができるんです。みなさんに言いたいのは、**大人になってからでも、**

自己肯定感はいくらでも高めることができるということです。

自己肯定感は簡単に高くなったり低くなったりします。それは自己肯定感＝心というのはさまざまな要因から影響を受けるからです。その要因を大きく分けると、人間関係を含めた周囲の環境、体調や自律神経の状態、気候や季節といった外的な要因、といったものです。人からしかられれば凹んで自信をなくしますし、体調が悪いと心も弱くなります。また、雨の日は気分が落ち込んで気分の切り替えができずに不安になったり……このように自己肯定感との関係を知っておけば、自己肯定感が低いからといって必要以上に悩むことなく、適切な対処ができます。

さて、本書で扱う**住居空間やインテリアも自己肯定感に影響する環境のひとつ**です。

少し考えてみてください。たとえば、部屋の中が汚かったり、散らかって足の踏み場もない状態だったら？　家に帰りたくなくなりますよね。また、たとえ人気のソファーを買っても、自分にはしっくりこなかったら、家にいても居心地は悪いですよね。こうした嫌悪感やちょっとした違和感を覚えると、掃除が不得手な自分が悪い……、何でこんなソファーを選んじゃったのかな、ダメな私……といった気持ちに。これが毎日続けば、自信喪失や自己否定につながり、自己肯定感は徐々にダウン。

ですから、**住まいを自分が心地よく感じるきれいな環境にしておくこと**が大切なんです。

自己肯定感と住環境２

心地よい住まい空間はポジティブ思考をつくる

自分がほっとする**心地よい部屋にいると、心は安定し、思考も前向きになります**。居住環境がよい→心地よさを実感→心の状態は良好→心の免疫力が高くなる→自己肯定感を高いままキープできる、となり、たとえ外で落ち込むことがあっても家で過ごすことで、心地よさを実感→心の状態は良好……という循環になります。

逆に居心地の悪い部屋はストレスになり、イライラしたり心が不安定となり、ネガティブな考えにとらわれるようになって自己肯定感も低下します。整理整頓されていない部屋、汚れた部屋も居心地の悪い部屋です。外で嫌なことがあって家に帰ってもそんな部屋では、心はさらに落ち込むだけ。前述したように居住空間がよいケースではポジティブ循環になりますが、これがネガティブ循環になってしまうのです。こうしてみると、部屋を心地よくキープしておくことの大切さを理解いただけるのではないでしょうか。

本書ではおもにインテリアを取り上げているので、それにフォーカスして少し考えてみましょう。インテリアを整えるとなぜ、自己肯定感が高まるのかということについてです。

たとえば、みなさんの部屋にあるソファーを見てください。何色ですか？　デザインはどのようなものですか？　手触りや座り心地はどのような感じですか？

家の中にあるインテリアに目を向けてください。ソファーや棚などの大きな家具、カーテンやカーペット、テーブルや椅子、小物類もたくさんありますね。置物や絵画などのアート系インテリア、また、タオルやスリッパ、食器類など日常使いする物もたくさん。

インテリアを構成するのは、色や色彩、デザイン、素材。手触り感や使用感、香りなども含みます。実はこれらの要素はすべて五感に訴えかけるもの。脳、つまり心に働きかけてきます。中でも目から得られる情報は心に大きな影響を与えます。なぜなら、人間が得る情報の約8割は目から得ているからです。家の中で目に映るものはすべて自己肯定感に関係するといえます。

少し話はそれますが、実は大人になると自己肯定感が下がりやすくなります。過去の失敗へのこだわりやトラウマが強く影響するからといわれます。誰でもそうですが、失敗した経験は強く心に残りますよね。同じ失敗は繰り返したくないという意識が強くなり、これが自己肯定感を低くしてしまうきっかけをつくります。

こうした状況を乗り切る方法のひとつが、自分が安心できる部屋を持つことです。**自分らしくいられる部屋を持ち、そこでリラックスすることが失敗への恐怖を打ち消します。**

自己肯定感と住環境3

インテリアを変えてポジティブに！思考のクセが変わり、楽しい人生に

では、話をインテリアに戻しましょう。**居住空間をよくするための方法がインテリアを変えることです。部屋の掃除や片づけも居住環境をよくするためにはもちろん必要**になるので、そのことについてものちほど触れることにしますね。

心地よい空間にするためにインテリアを変えることは、気分転換の意味があります。この気分転換が自己肯定感と関係します。

自己肯定感を高めるためには、これまで否定的に見ていたものを肯定的にとらえるようになることが必要。それが**心の視点移動**です。たとえば、今コップに半分まで水が入っているとします。「もう半分しかない」とネガティブに思うのではなく、「まだ半分も入っている」とポジティブに考えられるようになるということです。

人間は1日6万回も思考しているといわれますが、悲しいことにこのうち約80％はネガティブ思考になっています。人はもともとネガティブ思考に傾きがちなので、毎日少しずつ心の視点移動をしてあげることが必要なんですね。

心の視点移動は、旅行に行ったり、趣味に没頭したりして気分転換することでもできますが、家にいながらできるのがインテリアを変えたり、模様替えをすることです。**居心地のよい部屋で過ごすことで、少しずつ心の視点移動も素早くできるように**なります。

脳は繰り返し同じものを見たり、繰り返し同じ体験をするとマンネリ化し、どんどんネガティブ思考になっていくというやっかいな性質があります。インテリアを変えるのは、これを防ぐことになります。インテリアを変えて脳をリフレッシュさせてあげましょう。たとえば、階段の踊り場に、いつもなかった好きなオブジェをおくだけでもＯＫ。それが**脳への刺激となり、心の視点移動が起こる**ことで自己肯定感がアップします。

洋服を変えて気持ちを奮い立たせることってありますよね。今日は会社で大事なプレゼンがあるから赤い洋服を着て自分を勢いづかせたい、今日はデートだから普段は着ないワンピースを着て気分を上げたい……洋服を決めるようにインテリアを扱ってみる――このように考えて、インテリアを活用するのもあり！なんです。

好きなインテリアに囲まれて暮らすと、それが自分の視界に入るたびに心地よさのスイッチがオンになり、無意識にポジティブなメッセージを受け取ることができます。気持ちが前向きになることで自己肯定感が高くなっていくのです。

タイプ別 居心地のいい部屋

心地よさの感じ方は人それぞれその人の本質に合った部屋づくりを

インテリアで部屋を整えるときの基本は居心地のよさ。**ご機嫌でいられる部屋づくりを目指してほしい**のです。ご機嫌でいられるということは、心が整っているということ。これは自己肯定感を高い状態でキープしたり、自己肯定感を素速く回復できる心の状態です。

でも、何を心地いいと思い、ご機嫌だと感じるのかは人によって違いますよね。あなたにとってのご機嫌な部屋はどのようなものでしょうか。そこにいて何となくほっとする、安心する、ワクワクするなど直感はとても大切ですが、自分のことをより深く知ることで、居心地のいいご機嫌な部屋づくりをスムーズに進めていただきたいと考えています。

自分を知る手がかりになるのが、その人の本質です。

本質とは、性格、行動パターン、思考の傾向、人との関わりに求めるもの、何に不安を感じるのか、人生における価値は何かなど、心理学に基づいてカテゴライズしたもので、4つのタイプがあります。それが、

◯ 行動情熱タイプ

○**友愛愛情タイプ**
○**探求好奇心タイプ**
○**協調調和タイプ**

です。自己肯定感が高くなったり、低くなったりするのは、感情、物事のとらえ方、行動といったことが関係しています。心地よさを決めるのは何か、何が自己肯定感を上げるきっかけとなるのか、また、自己肯定感が低くなるとどうなるのか、こうしたことも自分が4つのタイプのどれかを知ることでわかります。

早速、自分はどのタイプなのかをチェックしてみましょう。

次ページには、4つのタイプ別に、象徴的な行動パターン、思考の傾向をまとめています。自分はどんな行動や考え方をしがちなのか、自分と向き合ってみましょう。そして多くチェックがついたものがあなたのタイプ。P24〜27で各タイプはどのような人かを解説しています。もちろん、**部屋づくりのキーワードもわかります。このコンセプトで部屋づくりをすると、自分らしくいられる空間、感情が安定する空間**になります。

パート1では、実践編として、4つのタイプ別にリビング、寝室、書斎のインテリア術について解説しています。本当のあなたに合った部屋づくりを楽しんでくださいね。

セルフチェックで多く☑がついたのがあなたのタイプです。

Self Check 1

行動情熱タイプ

- [ ] 何事にも情熱的でエネルギッシュ
- [ ] 決断力はあるほうだ
- [ ] 目標を立て、目的を達成することが好き
- [ ] 思い立ったら即行動するほう
- [ ] リーダー的な立場に立つことが多い
- [ ] 努力するのは苦にならない

あなたの性質&部屋づくりの鍵 → P.24
掃除&片づけ術のヒント → P.32

Self Check 2

友愛愛情タイプ

- [ ] いつも穏やかな物腰でいられる
- [ ] 思いやりややさしさは大切だと思う
- [ ] 人とのつながりを重視する
- [ ] 周囲から頼られたり、相談をされるほうだ
- [ ] 周囲から安心感があるとよく言われる
- [ ] 自分の思いに応えてくれない相手に不満を抱きがち

あなたの性質&部屋づくりの鍵 → P.25
掃除&片づけ術のヒント → P.33

Self Check 3

探求好奇心タイプ

- □ 好奇心は旺盛
- □ いろいろなものに興味がある
- □ 新しいものには敏感なほうだ
- □ 新しい方法を考え出すことが好き
- □ 常識には縛られないで行動できる
- □ 周囲からは飽きっぽいと言われることがある

あなたの性質&部屋づくりの鍵 → P.26
掃除&片づけ術のヒント → P.34

Self Check 4

協調調和タイプ

- □ 気配り上手だとよく言われる
- □ 個よりもチームワークを重視する
- □ 人と人とをつなげる役回りは苦にならない
- □ 何かを決めるときは周囲とよく話し合う
- □ 時間や規則にルーズな人に対しては厳しい
- □ 議論やケンカは避けがち

あなたの性質&部屋づくりの鍵 → P.27
掃除&片づけ術のヒント → P.35

行動情熱タイプ

情熱的でエネルギッシュなリーダータイプ

目標や目的達成を求め、持ち前の行動力で人生を歩みます。決断力があり、周囲を引っ張っていくリーダーとして資質は十分！　どんなことにも果敢に挑戦していく強さが魅力です。

そんなあなたでも、自己肯定感が下がると「失敗してしまうのでは……」と不安になり、行動情熱タイプの長所である行動力に陰りが見え始めます。そんなときは「すべてはもっとよくなる」と気持ちを切り替えることで力強い自分を取り戻せます。

あなたが心地よさを感じるのが、機能性を重視したスタイリッシュな部屋です。ホテルの部屋のような空間に安心感を覚えませんか。

このタイプは物事を合理的に考えるので、無駄なことは嫌い。部屋はシンプルがベストと考え、インテリアは機能性を重視し必要な物だけを揃えます。ごちゃごちゃと物をおくのは好きではありません。

心地よい
部屋づくりの 鍵 は

洗練されたホテルライクな空間

リビングルームづくり → P.46　寝室づくり → P.62　書斎づくり → P.78

友愛愛情タイプ

穏やかで、愛情深いニュートラルタイプ

人の気持ちを大切にし、思いやりとやさしさにあふれた人です。何はともあれ人が大好き！　人とのつながりを大切にしてまわりに安心感を与えるので、周囲の人たちは、よき相談相手になってくれるあなたをメンタル的に頼れる存在として受けとめます。

でも自己肯定感が低くなると、自分の思いに応えてくれない相手を許せなくなると同時に、「私が相手に冷たくしたからでは……」と自分を責める傾向に。そんなときは「大丈夫。今の私でいい」と思いながらしっかり睡眠をとれば、普段のあなたが戻ってきます。

あなたが心地よさを感じるのが、やさしい雰囲気に包まれた部屋です。透明感を大切にした女性らしい部屋といえるでしょう。どちらかというと受け身の姿勢で何でも包み込む性格なので、自分の〝好き〟を主張しすぎない部屋に安心感を覚えるはずです。

心地よい部屋づくりの鍵は

ときめきに囲まれたやさしい空間

リビングルームづくり → P.50　寝室づくり → P.66　書斎づくり → P.80

探求好奇心タイプ

好奇心旺盛なアクセルタイプ

自由奔放で「楽しい！」と感じることに次々に目を向けていくタイプ。心の赴くままに人生を歩みます。元気いっぱいの子どものように、好奇心が生きる原動力です。新しいものに目移りするので、周囲からは飽きっぽいと思われることも。

自己肯定感が低くなると、物事に対して浮気性な自分の性格を「このままでいいのか」と不安に思うことも。そんなときは「自分は自分。今のままの自分でいい」と激励し、常識に縛られず自分軸で進んでいきましょう。

そんなあなたが心地よく感じるのは、好きな物に囲まれた心躍るような部屋です。リビングだからこれをおくべきとか、寝室は落ち着いたカラーにすべきといった一般的な常識にとらわれる必要はありません。おもちゃ箱のような楽しい空間が、一番自分らしくいられる場所です。

心地よい
部屋づくりの鍵は

ワクワクがつまった元気が出る空間

リビングルームづくり → P.54　寝室づくり → P.70　書斎づくり → P.82

協調調和タイプ

気配り上手なアドバイザータイプ

平和や調和を好み、家族や会社など、自分が属する集団の仲間と仲良く暮らすことに幸せを感じます。コミュニケーションに価値をおき、人々を結びつけネットワークづくりを担うキーパーソン。チームワークを重視し多少の自己犠牲はいといません。

自己肯定感が低いときは、自分が集団の役に立っていないのではないかという不安を抱えがちになります。また、時間や規則にルーズな人、場の雰囲気を壊す人に冷たく対応してしまうことも。温厚さを取り戻すには、「この先は何も心配ない」と自分自身に語りかけて。

そんなあなたが心地よく感じるのは、自然あふれる落ち着いた部屋です。変化をあまり好まない安定志向なので、土に根を張る植物など自然のアイテムを大いに取り入れてください。機能性やデザイン性のバランスを考慮した空間にしましょう。

心地よい部屋づくりの鍵は

自然の温かみあふれるほっとする空間

リビングルームづくり → P.58　寝室づくり → P.74　書斎づくり → P.84

自己肯定感と掃除&片づけ術

インテリアを整える前に掃除と片づけでリセット！

インテリアを整える前にぜひ取り組んでいただきたいのが、掃除と片づけです。きれいになった部屋が心地よさや安心感をもたらし感情もポジティブになります。部屋がすっきりすると気持ちまですっきりする！という掃除や片づけの心理的なプラス効果にはすでにお気づきかもしれません。生活がマンネリ化すると感情が停滞します。**掃除や片づけはよどんだ心をリフレッシュする有効な手段になり、もちろん自己肯定感アップ**につながります。

片づけは必要な物とそうでない物とを取捨選択し、整理整頓をすることですが、そのためには捨てるという行為が必要です。自分にとって必要な物と必要でない物を見極めて、何を残すか決めること。これは自分の心と向き合う作業になり、頭の中がクリアになって思考がシンプルになり心が整います。**P30に捨てどきの見極め方を解説**しているので参考にしてください。

掃除や片づけが苦手な人、面倒だなあと思う人は、一度に部屋全体を片づけ、家中すべてをきれいにしよう！としているのでは。まずは小さなことからでOKなので手を動かしましょう。掃

除ならキッチンのシンクをスポンジで磨くだけ、片づけなら引き出しの中、机の上などをきれいにします。小さい所から始めるそのメリットは？　ずばり、ゴールが見えやすい点です。小さな課題を自分に課して、それをクリアすることで小さな達成感を得られます。できた！　すっきりした！という満足感が次の行動へのやる気につながるのです。今やることに集中することで心が少しずつ落ち着いてくるはずです。こうした経験が思考を柔軟にもしてくれ、苦労や困難に遭遇してもうまく対処できるようになります。

片づけをして必要な物がわかると、その物を丁寧に扱うようになります。丁寧に物を扱っている人は言動も穏やか。そんな人は周囲へも気配りができ対人関係も良好に。すると周囲に気持ちのいい仲間が集まってきます。そんな仲間に囲まれると自分が大切にされていると感じ自己肯定感もアップ→心に余裕が生まれる→周囲へもやさしくなれる→対人関係も良好……と好循環が生まれるのです。

掃除や片づけは習慣化していきたいですね。P32～35で前述した4つのタイプごとに、取り組みやすい掃除&片づけ術を解説しているのでぜひトライしてください。

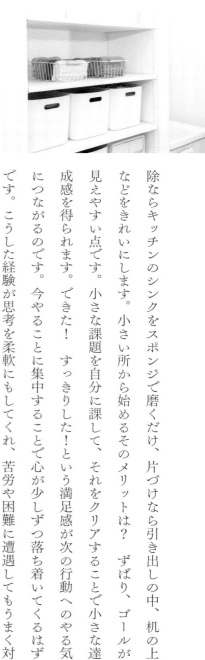

迷ったときの中島流片づけスタイル

捨てどきを見極めよう！

Check 1

過去1年以内に使わなかった物

シーズン中一度も使わなかった洋服や靴、財布の中にあるだけのポイントカードなどなど、こうした物を見るたびに、「こんな物をとっておくなんてダメな自分」とがっかりして、自己肯定感が少し傷つきます。無駄な物でも捨てられないのは、「保有効果」といって、自分が保有する物に高い価値をおき手放したくなくなる心理が働くから。でも、こうした物を見るたび嫌な気持ちになれば、メンタルにも悪影響！　引き出しや押し入れの中、キッチンや玄関などをチェック。「来年は使うかも」「いつか使うかも」と思った物は即捨てましょう。

Check 2

ダブっていたり、同じような使い方ができる物

同じような色やデザインの洋服やバッグ、ベルトなどのたくさんのおしゃれ小物、いつの間にかたまってしまう針金ハンガー、気がついたらたまっていたビニール傘……本当に使う物、使いやすい物を選んで数を減らしましょう。

Check 3

見ると気持ちがダウン⤵する物

知人や友人からのプレゼントだけど自分の趣味ではない物、太って着られなくなった洋服、衝動買いして後悔している高級バッグなどなど、その物を見ると、もやもやした気分になったり、自己嫌悪に陥ったりする場合は目の前からなくしましょう。気持ちがダウンすれば自己肯定感も下がります。

Check 4

壊れている物

伝線したストッキング、ファスナーが壊れたバッグ、片方しかない靴下やイヤリング……こうした物をすぐに捨てられずためこんでいませんか？　壊れた物はネガティブなイメージがあるので、それを見れば気持ちは落ち込む物。物は壊れたり、なくしたりする運命にあるものと割り切って捨てましょう。

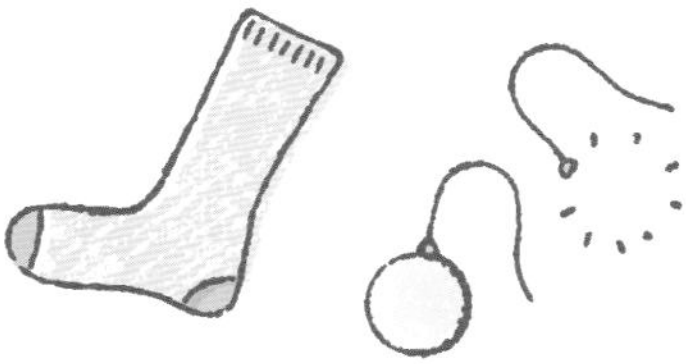

Check 5

“期限切れ”の物

首回りがよれた黄ばんだTシャツ、カビのはえたハンドバッグ、流行遅れのアウターなど、「もういいや」とその物に未練もなく、気持ちが離れてしまった物は整理するタイミングです。でもいくら流行遅れの洋服であっても自分が好きで着たり、使いたい物はまだ“旬の物”。捨てる必要はありませんよ。

Check 6

なくても困らない物

なければないで平気な物って意外とあるんです。引き出物でもらった食器類が棚の奥に眠っていませんか。また、炊飯器がなくてもごはんは鍋で炊けますし、こまめに掃除をすればトイレのマットやカバーはいりません。椅子やソファーがあっても、結局は洋服置き場と化しているというケースもありますよね。お部屋を見直して物を減らしましょう。

行動情熱タイプ

あなたに合う掃除術

まずはこの方法で！

- お掃除中はテンションが上がる音楽を流す
- “5分集中ルール”を実践！

気分が上がり行動力を促すような音楽を流しながら掃除をしましょう。「今日はここを掃除しよう！」と思っていたのに予定通り終わりそうにない……そんなときは頭を切り替え、全部終わらなくても5分間集中すればOK！と決めて行いましょう。

習慣にしよう！

- “毎日やることリスト”をつくり取り組む
- 掃除分担リストをつくる

朝起きたらベッドメイキングをする、夕食後にはキッチン磨きなど、一日の掃除のスケジュールを作成し毎日実践。家族や同居者がいる場合は、月曜日のトイレ掃除はA子、火曜日はB男など分担を決めて効率よく！分担表をつくって楽しみながらトライ。

あなたに合う片づけ・収納術

まずはこの方法で！

- 片づけは“スピード重視”で
- “迷ったら捨てる”を選ぼう！
- 収納は“アクセシビリティー重視”
- 実家、貸コンテナを使うのも手

片づけは、時間を「5分やる！」「途中だったとしても10分間だけ」など時間を設定して取り組むこと。物は迷ったら捨てるというルールにするとスムーズに進みます。また、収納に関しては、よく使う物はグループ化して目につく場所に。調理中にすぐに使いたい物は手が楽に届く範囲に吊るすなどしましょう。収納スペースがない場合は、実家にあずけたり、貸コンテナを利用したりするのもひとつの方法です。

習慣にしよう！

- 終わった後は自分にご褒美を！
- 今日はここだけと決めて実践
- よく使う物は必要量を数値化しておく
- 6カ月見ない物はリサイクルへ

片づけ後のご褒美（リワード）を習慣化。これは自分を大切に扱うということなので片づけするたびに自己肯定感がアップ。今日はこのスペースだけ片づける！と決め実践する短期集中型を習慣づけましょう。収納スペースには限りがあります。ですから消耗品は3日に1個使うなら1か月に約10個が必要など、きちんと数値化して適切な量を購入するようにします。また、6カ月見なかった物＝使わない物です。リサイクルへまわしましょう。

友愛愛情タイプ

あなたに合う掃除術

まずはこの方法で！

- お掃除タイムにもアロマをプラス
- おもてなしをイメージして

好きな香りに包まれると面倒な掃除も楽しくなり、気持ちが整ってきます。重曹にアロマオイルを混ぜて洗剤として使ってもOKです。また、人をもてなすことをイメージし、フラワーアレンジメントなどおもてなしポイントをつくると心弾むお掃除タイムに。

習慣にしよう！

- “ピカピカ磨き”でテンションUP
- 週単位で掃除する順番を決める

洗面台をスポンジで磨き上げたり、床を雑巾で磨いたり、掃除道具自体を磨いてお手入れしたり……磨き掃除を習慣化！　月曜日は玄関と書斎、火曜日はリビングと寝室など、週単位で掃除をする順番リストをつくり、丁寧な掃除を心がけましょう。

あなたに合う片づけ・収納術

まずはこの方法で！

- 片づけはときめいた物を残す
- 月１回の捨てる日を設定する
- 見せる収納を心がける
- 物はカテゴライズして見える化する

片づけで大切なのは、見てときめいたり、ワクワクする物は残すこと。一方、捨てる日もしっかり設定。「月４回この日に捨てる」あるいは「第４土曜の10～12時に捨てる」と決め、必要ない物を一気に捨てます。収納はゲストが来るのを想定し、見せる収納を心がけて！　狭い空間でも上手に活用できます。また、棚はテーブルセッティング用、日常使いの食器などカテゴリー分けして収納し、ラベリングシールを貼って見える化するのも○。

習慣にしよう！

- 美しさと使いやすさ重視
- ゲスト目線で片づける
- ストックアイテムリストをつくる
- オープン収納スペースで楽しく

片づけも収納も美しさと使いやすさを重視したいですね。ゲストが来たときにどう思うか？　そんなおもてなし目線で片づけを進めましょう。ペーパー類や洗剤類をついつい多めにストックしがちという人は、トイレットペーパーは10個、洗剤は３個など、収納スペースに入る量のストックアイテム名＋個数をリスト化しておくと、買いすぎを防いですっきり収納に。また、ガラス棚を使うなどのオープン収納も、ゲストの目を楽しませることができます。

探求好奇心タイプ

あなたに合う掃除術

まずはこの方法で！

- 15分集中ルールで！
- らくらく掃除アイテムを活用

掃除は時間をかけないこと。たとえば15分間と決めて一気に行うことで集中して取り組みましょう。また、ロボット掃除機を活用したり、さまざまな掃除便利グッズを使って楽しみながら行って。気になる掃除アイテムがあれば、ぜひ使ってみてください。

習慣にしよう！

- "コミュニティ掃除"で楽しく
- 掃除スケジュールを写真を使いカラフルにつくる

SNSなどで友達と一緒に話しながら掃除をすると、飽きずに最後まで取り組めるはず。また、掃除のスケジュールを決めて取り組むときは、月曜日は玄関を掃除するなど文字でリスト化するよりも、ピカピカの玄関の写真を貼るなど視覚に訴える方法に。

あなたに合う片づけ・収納術

まずはこの方法で！

- 片づけに飽きたら15分休憩！
- 捨てるか迷ったら小物に使う
- 不要品はバザーに出す
- 収納は気分で変えてみる

片づけを始めて、嫌だな、面倒だなと思ったら15分間の休憩で気分転換を。捨てるか迷った物があったら、インテリアとして使えないか検討してみて。あなたの自由な発想でインテリアとして復活するかもしれません。また、不要品はバザーに出したり、リサイクルショップに売るなど、再利用に積極的に取り組んで。収納はそのときの気分やニーズで変えると、視覚的に楽しくなったり、刺激的な空間になったりするはず。

習慣にしよう！

- 片づけは自分のセンス重視！
- ルールは破っていいと考える
- "飾る収納"で部屋を彩る
- 収納ボックスは個性的なものに

必要な物を分類して整える作業は、自分のセンスで進めてOK。常識的なルールに基づく片づけ方法にとらわれる必要はありません。ルールは破るためにあり、新しいルールを自分でつくればいいと考えましょう。ギターなどの楽器や自転車などを"おくだけ収納"にして見せても○。見た目に楽しい収納はあなたらしいといえますね。収納ボックスなどもオーソドックスな物よりは、カラフルで個性的な物にしましょう。

協調調和タイプ

あなたに合う掃除術

まずはこの方法で！

- “隙間掃除”をリスト化する
- 掃除はヒーリング音楽を聴きながら

月曜日はベッドの下、火曜日は冷蔵庫の下、水曜日はキーボードの間などなど、ほこりがたまりがちな隙間の掃除リストをつくって取り組みましょう。また、動画配信サービスなどで川のせせらぎや鳥の声などのヒーリング系の曲を流しながらだと、掃除がはかどります。

習慣にしよう！

- スケジュールとリストをきっちりつくる
- 月1回の不用品処分の日を決める

掃除はいつ、どの順番で、何をするかをリスト化。たとえば、土曜日に玄関→リビングの順番で、玄関はほうきで掃いてたたきを拭く、リビングは掃除機をかけた後にワックスがけなど、より具体的に。また、雑誌やチラシ、使わないコスメなど、月1回の不要品処分日を決めて。

あなたに合う片づけ・収納術

まずはこの方法で！

- 片づけはエリアごとに1つずつ！
- 実用性がある物を残す
- 整理整頓日を決める
- 収納品をリスト化する

片づけは、机の上、机の下、引き出しの中、棚など、エリアごとに分けて丁寧に。好き嫌いよりも多く使うかどうかが、不要品を判断する基準です。月末や隔週土曜日など、整理整頓する日をあらかじめ決めておくと、それまでに頭の中が整理でき、必要な物をどこにおくべきかも明確になります。几帳面な性格なので、パソコンやスマホなどで、収納品が一覧できるシートを作成して見える化しておくと安心できます。

習慣にしよう！

- 物は分類→整理を徹底する
- 細かくラベリング収納する
- よく使う物を収納する棚をつくる
- 毎月１回リサイクルの日とする

日常的に使う物、季節性が高い物、ほぼ使わないが重要な物、不要品などにしっかり分類してから整理整頓。中身はわかりやすく表示して細かくラベリング収納に。また、月ごとあるいは季節ごとに、使用頻度の高い物を入れる専用の棚をつくり、棚におく物を入れ替える日をあらかじめ決めておくといいですね。さらに、不要品のリサイクル日を毎月１回設けると、物の出入りがわかるので、無駄買い防止になります。

column

食と自己肯定感１

心を安定させる栄養素 トリプトファンをしっかりとる

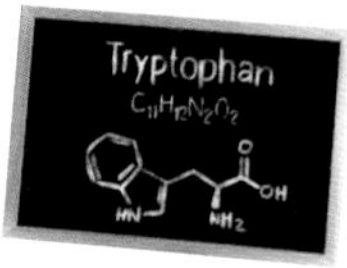

心の免疫力を高め、自己肯定感を高いレベルでキープするには、実は食事も大切！

精神を安定させる、幸せホルモン「セロトニン」って聞いたことありませんか？　このホルモンは、安心感や平常心など心の安定を保つために必要な神経伝達物質。質のいい睡眠をとるためにも欠かせません。セロトニンは脳内でつくられるのですが、その材料となるのが必須アミノ酸の「トリプトファン」。さまざまなアミノ酸が集まってタンパク質をつくりますが、この物質は体内でつくることができないので、食事でしっかりとる必要があるのです。

トリプトファンが多く含まれているのは、豆腐や納豆、みそなどの大豆製品、チーズ、ヨーグルト、牛乳などの乳製品、米などの穀類、ごま、アーモンド、バナナ、卵など。

こうした食品を意識して、しっかりトリプトファンを摂取して、幸せホルモンのセロトニンの分泌を促すことで気分や感情を上手にコントロール。自己肯定感の高まりをサポートします。

Part 1

実践！
タイプ別インテリア術
リビングルーム・寝室・
書斎を整える

長い時間を過ごす部屋ほど心への影響は大きくなります。リビングルーム、寝室、書斎のインテリアを自分の本質に合った物に変えて、自分らしくいられる心地よい空間づくりを！

中島流インテリアメソッドで自己肯定感がぐんぐん上がる

プロローグでは自己肯定感の意味、居住空間と自己肯定感の関係、そしてインテリアを整えることの大切さについてお伝えしてきました。

ここからは実践編です。どうやってインテリアを使って部屋を整えていくのか、**中島流メソッドのステップ**をお伝えしていきます。おおまかな流れは左ページの通り。とはいえ、この流れに沿って進めなければならない、ということではありません。**みなさんがスムーズに取り組めるようあくまでも目安。**流れ通りに行うのもよし、できるところからでもOK。あるいは、途中でできなくなったらそこで進め方を変えてもOK。心を柔軟にして進めてくださいね。

インテリアを整えるにあたっても、部屋全体を一度に変えようと思わず、1つだけ新しいインテリアをおく、あるいは1つだけ自分の好きなインテリアに変えるなど、小さいことから。

部屋は一日に何度も目にするところですから、**「好き」「すてき」「楽しい」「やすらぐ」などなど、部屋にいてわいてくる自分のプラスの感情を大切**にしていただきたいですね。こうしたことが結果的にポジティブな気持ちをもたらすからです。

中島流インテリアメソッドの進め方

Step1 自分のタイプを知る

P22～23で自分の本質を知りましょう。あなたに合った効果的なインテリア術がわかるので、自己肯定感アップの強力なサポートになります。

Step2 自分の掃除&片づけ術を知る

掃除や片づけにも自分に合う方法や工夫があります。P32～35でそれを知って取り組んでみましょう。

Step3 必要な物を残して、不必要な、物は捨てる

インテリアを整えると同時に取り組みたいこと。捨てる行為は、必要か不必要かを自分で決める行為。心の整理になり、インテリア替えをスムーズに進めることに。

Step4 自分のタイプに合ったご機嫌な部屋のイメージやインテリアを知る

心に強く影響を与えるインテリアは、タイプによって異なるものです。まずそれを知ることから。知らなかった自分に気づくことで居住空間づくりがスムーズに。

Step5 リビングルーム、寝室、書斎のいずれかから取り組む

この3つの部屋は、家の中でも過ごす時間が長い場所。心に大きく影響を与える場所から取り組んでいきましょう。

中島流インテリアメソッド

自己肯定感が上がる7つの極意

Key point 1

一度に全部変えなくてOK。小さなことから取り組もう

生花を飾ったり、デスクまわりを片づけたり……小さなことから始めるだけでOK。たとえば生花をおくと自分で決めたことを実行する、これは小さな課題を達成できたということ。こうした成功体験が自信につながり、自己肯定感が回復していくのです。

Key point 2

流行にとらわれず好きな物をおこう

好きな物に囲まれるだけで“快”の感情がスイッチオン！　無意識にポジティブなメッセージを受けるようになります。また、意識的に好きな物を目にすることで、目標に向かうモチベーションを維持することができるという効果も！　流行だけに頼らずまずは“好き”を大切にしていただきたいですね。

Key point 3

手触りや肌触りがよいものを選ぼう

触感の刺激も自己肯定感に深く関係しています。手触りのいいタオルやファブリック類、毛足の長いふわふわのラグ、もふもふのぬいぐるみなどは、不安を遠ざけて安心感を与えてくれる物。心がほぐれ自己肯定感もアップ。また、皮膚が心地よい！と感じるとストレスホルモンが軽減するので、自律神経の働きもよくなります。

Key point 4

直感を大切にしてインテリア選びを

「リビングはこうあるべき」「寝室はこうしなければならない」と思い込む必要はありませんよ。むしろ、あなたが今どうしたいかを大切にしていただきたいですね。こんな物を飾りたい！という直感は脳が無意識のうちに引き出した答えで、今のあなたが求めている大切なことかもしれません。

Key point 5

四季を感じるものを取り入れよう

季節の変化を視覚で感じると、気持ちにメリハリが生まれ気分も上向きになります。四季を感じるインテリアを積極的に取り入れましょう。季節感を感じないとホルモンバランスが整いにくくなるともいわれます。歳時に合わせた飾りなどをおく空間をつくってもいいですね。

Key point 6

色の心理効果を上手に活用しよう

色には気持ちをリラックスさせたり、想像力を豊かにしたり、思考を柔軟にさせるなどの効果があります。インテリアの色を変えたり、自分の気分に合った色を取り入れることは自己肯定感を高めるサポートになります。日常使いのアイテムに上手に取り入れましょう（色の心理効果はP102参照）。

Key point 7

照明器具にもこだわってみて

帰宅したとき家に明かりがついているとほっとしますよね。照明の光の色合いは、人を活動的にさせる、作業や勉強の効率をよくする、心身をリラックスさせる、やすらぎをもたらすものなど心身に影響します。明るい部屋は気持ちを前向きにします。目線よりも高いところを明るくするといいですね。窓が少ない場合は、好みの照明器具をプラスして明るさアップ！

長時間過ごすリビングルーム、寝室、書斎3つのメインスペースからスタート

どの部屋からインテリアを変えていけばいいのか。私は、**リビングルーム、寝室、書斎の3つのいずれかから始めること**をおすすめしています。

リビングや寝室は、家の中で長く過ごす場所です。1日24時間のうち7〜8時間の睡眠は寝室でとりますし、帰宅後から就寝までの間のくつろぎタイムはリビングで過ごします。この2つの部屋からは心理的に影響を受ける度合いが大きいのです。また、新型コロナウイルスにより急速に広がったのがリモートワークです。自宅にワークスペースや書斎をつくったという人も多いのではないでしょうか。書斎を仕事だけでなく、自分の趣味を楽しむ場として活用しているケースもあります。ですから、ワークスペースや書斎の環境も大切だと考えています。オフィスでの仕事がメインという場合は、自分のデスクの上やデスクまわりの環境をよくしたいですね。

次ページからは、各部屋が持つ心理的な役目を解説します。また、タイプの異なる家族と一緒に暮らす場合はどのように整えたらいいのかもお伝えしているので参考にしてください。

P46からはタイプ別に3つの部屋づくりを紹介! 早速トライしてみて。

コミュニケーション空間

リビングルーム

居心地がいいと心は満たされます

みなさんはリビングではどのように過ごしますか？ 家族が集まっておしゃべりしたり、ひとりで読書をしたり……子どもの遊び場や勉強スペースとして使ったり、友人を招いてティーパーティーをする人もいるはずです。コミュニケーションの場であり、ひとり時間を過ごす場でもあるリビングづくりで重視したいのは、居心地のよさ。居心地がよければ心は満たされてプラス思考になります。でも、どんな空間を心地よいと感じるのかは、前述したタイプによって異なるということを覚えておいて。

異なるタイプの人と暮らしている場合

別タイプ同士が過ごすリビングづくりで優先したいのは、きちんとコミュニケーションできる環境をつくること。まずは、会話をしやすいようにソファーや椅子を円形に配置するなど家具の配置を考えるといいですね。そこでは互いのニーズや好みを尊重するように心がけて。相手のニーズを満たしてあげれば、自分が役立っているという感情がわいて自己肯定感は高まりますよ。テーブルまわりは共有スペースです。それ以外のスペースで、個人の物を収納する引き出しや好きな物を飾る棚を自分好みのインテリアにして、パーソナルスペースを確保するといいでしょう。

寝室

ストレスを軽減 身心の健康をつくります

寝室は、心身の疲れをいやす場。しっかり睡眠をとって、明日へのパワーをチャージすることで心の免疫力もアップ、嫌なことがあってもへこたれない心をつくります。さらに質のいい睡眠をとれば脳のストレスも減少。気持ちがリセットされ、起きたときに前向きな気持ちになれます。

寝室づくりでは、「気持ちがいい」「落ち着く」「ほっとする」「リラックスできる」など自分がいやされる感覚が大切です。仕事に関連した物や悩みを思い出させる物はおかないようにしましょう。

異なるタイプの人と暮らしている場合

パートナーと寝室が一緒の場合、お互いが好きな共通の色やデザインを取り入れると、全体に一体感が生まれます。互いの信頼関係が深まり、幸福度は高まりますよ。ベッドカバーなどのファブリック類は、それぞれが気に入っているカラーや柄を交互に使うといいですね。

お互いが自分の好みを追求したいなら、ルームディバイダーやパーティションで区切り、エリア分けをしてそれぞれ楽しむという方法もあります。あるいは、お互いのベッドまわりはプライベートスペースとして自由に使うのも手。ベッドの位置や家具の配置を変えるだけでも、気持ちがリセットされます。

自分だけの特別な空間

書斎

物事に集中する場
脳を活性化させて

書斎やワークスペースで仕事に集中するには、いかに脳をリラックスさせて活性化させるかがとても大切です。見える色数が少ないほうがいい、デスク上には無駄な物がないほうが仕事に集中できるという人もいれば、大好きなたくさんのインテリアに囲まれたほうが落ち着くという人もいます。これもタイプによって異なるということを覚えておきましょう。

カフェや図書館などをワークスペースとして活用してもいいですね。気分転換となり、途切れていた集中力が回復できますよ。

異なるタイプの人と暮らしている場合

書斎が別々にあれば、それぞれ自分のタイプに合った空間づくりをします。デスク、椅子、パソコンなどのデバイス、収納、照明などが最低限のインテリアです。やる気を出すためにも、姿勢よく座れて作業がしやすい椅子がおすすめです。

それぞれの部屋がないときは、リビングの一角をパーティションで区切ってワークスペースにします。あるいは、コラボレーションスペースをつくり、大きめのテーブルやデスクを共有し作業をしてもいいですね。その際、自分のスペースに、好きなインテリアや文具類をおいて脳を活性化。すると、心も落ち着き仕事に集中できます。

行動情熱タイプのリビングルームづくり

洗練された機能重視の空間に
居心地のよさを感じます

空間づくりのキーワード

- ◆色や素材で統一感を出す
- ◆必要な物だけをディスプレイ
- ◆存在感ある家具を1つおく

2

1 白をベースに、黒のアクセントカラーでシックな印象。高さのあるインテリアをおくと広々とした空間になります。
2 重厚感のあるソファーで、部屋の印象をレベルアップ。
3 必要な物だけをおくミニマル空間で洗練された雰囲気に。

3

1

動線がはっきりした機能重視の空間

生活動線を意識して家具をおくことで、動きやすい機能的な空間づくりを目指しましょう。部屋全体がごちゃごちゃして見えると心が乱れるタイプ。物は増やさず最小限にして、見せない収納を心がけて。シンプルを追求しすぎて無機質な感じになりがちなので、明るいさし色や天然素材を取り入れることでほっとする雰囲気になります。存在感ある家具をおくことで、オリジナリティを演出して。

行動情熱タイプ

リビングルームアイテム選びのポイント

・使いやすさ、見やすさなど機能重視で実用的なもの
・直線的なデザイン、シックなカラーで
・レザー×金属など異素材と組み合わせも○

ハイスツールをおいて、おしゃれな空間に。

家電だって
スタイリッシュ

コーヒーメーカーも立派なインテリア。

時計は見やすさ重視！
ひと目でわかります！

ロボット掃除機で効率よく掃除！ 合理派にぴったり。

ステンレスのごみ箱は見た目もすっきり、衛生的。

高級感あるヴィンテージソファーもおすすめ。

直線を生かした
モダンなテーブル

グレー、白、黒などの単色クッションは、シンプルかつ洗練された印象に。

木×金属の異素材を組み合わせたテーブル。直線的なデザインでクールなイメージ。

脚が短くずっしり、重厚感あり！

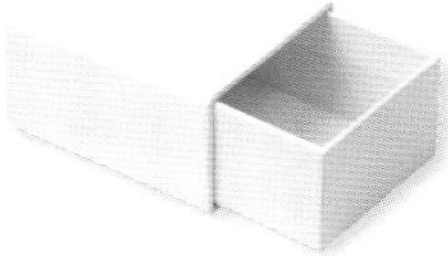

部屋に入ってすぐに目がいき、存在感は抜群！ 均一な色味やツヤ感は高級感があります。

小物などを入れるケースは見せない収納に必須！

Type別 インテリアアドバイス

色はモノトーンが多くなりがちですが、情熱的、エネルギッシュさをイメージさせる赤のカラーをポイントに使って、赤い小物類やアートをおいてもOKです。

友愛愛情タイプのリビングルームづくり

幼すぎない
大人かわいい空間に

空間づくりのキーワード

◆曲線や曲面を生かした空間に
◆やわらかな色合いで統一感を出して
◆アシンメトリーで軽やかさをプラス

2

3

1

1 甘くなりすぎないように、ライトグレーを入れることで大人っぽい空間に。
2 デザインに曲線や曲面を取り入れたソファーやテーブル。ほっとする空間に。
3 アシンメトリーな家具のおき方などで軽快な感じが生まれます。

やさしさ、かわいさあふれる空間づくりを

友愛愛情タイプが居心地のよさを感じるのは、大人かわいい空間。曲線や曲面を多く取り入れた優美な雰囲気が、心を落ち着かせてくれるはず。大人っぽくするには、淡くやさしい色使いが基本です。ガラスなど透明感のあるインテリアは、クリアな心をあらわしています。また、家具のデザインや配置はさりげないアシンメトリーを意識すると軽やかさを印象づけられます。

友愛愛情タイプ

リビングルームアイテム選びのポイント

・パステルカラーで大人かわいく
・花や花モチーフで美しさや愛らしさを表現
・猫脚の家具でやさしい雰囲気に

テーブルも華やかに！

ピンク×もふもふ触感でリラックスできる！

ドライフラワーで空間の甘さを程よく抑えて。

やわらかな印象を与えるラウンドテーブル。

色味がかわいい！　ベビーピンクの電気ポット。

貝の曲線にも注目！　貝殻モチーフも○。

曲線のあるガラスの花瓶に季節の花を飾って。

パステルカラーに
心躍ります！

淡いピンクのソファーで、部屋にやさしさと温かみをプラス。

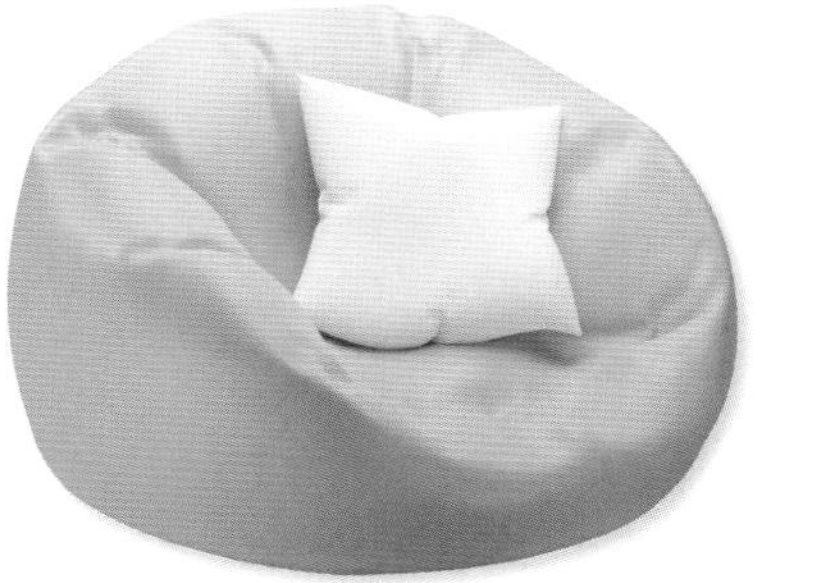

思わず体を投げ出したくなるビーズクッション。包まれる感じがリラックス効果大。

姫系の
写真立ても！

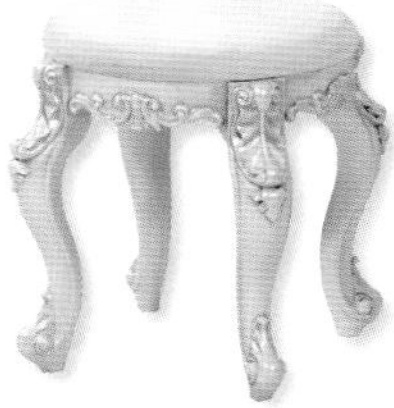

しなやかな曲線の猫脚が魅力のチェア。

アンティークな質感もおすすめです。

やわらかな曲線で表現された花柄がエレガント。

Type別 インテリアアドバイス

ピンクのアイテムを多く取り上げましたが、もちろんブルー、イエロー、グリーン、パープルなども OK。花柄も〇で、使うときは大きな柄ではなく小さな柄にしましょう。

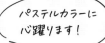

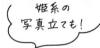

探究好奇心タイプのリビングルームづくり

好きを足し算する
アート で楽しい空間に!

空間づくりのキーワード

- ◆機能性よりもデザインを優先
- ◆4~5色を組み合わせたり、柄+単色も◯
- ◆〝飾って魅せる〟空間に

2

3

1

1 趣味のスケートボードを無造作におくなど、自分の“好き”を主張してOK。たくさんの物を飾っても、使う色をしぼるとまとまります。
2 暖色と寒色を組み合わせてメリハリのあるポップな空間に。
3 こんなレトロポップな雰囲気もあり！

元気がわいてくる
ポップな空間に

好きな物に囲まれた楽しい空間に、心地よさを感じるタイプです。使い勝手よりも心躍るデザイン、コントラストのはっきりした配色、おもちゃ箱のようなごちゃまぜ感……都会的だけど気取らない明るい空気感が、心を元気にしてくれるでしょう。自分だけでなく、その場にいる人の心も明るくするパワフルな部屋。好きにとことんこだわった空間づくりを楽しみましょう。

探究好奇心タイプ

リビングルームアイテム選びのポイント

- ビビッドカラーの柄物を組み合わせて
- デザイン家具で自己主張して
- 壁も華やかに飾る

アートを
壁に飾って

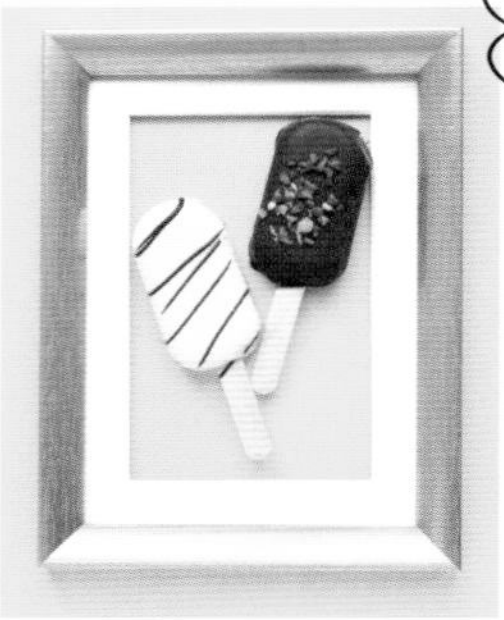

お菓子のオブジェなど立体アートもおすすめ。

色で存在感をアピール。まあるい脚がかわいい！

クッションはストライプの配色を楽しんで。

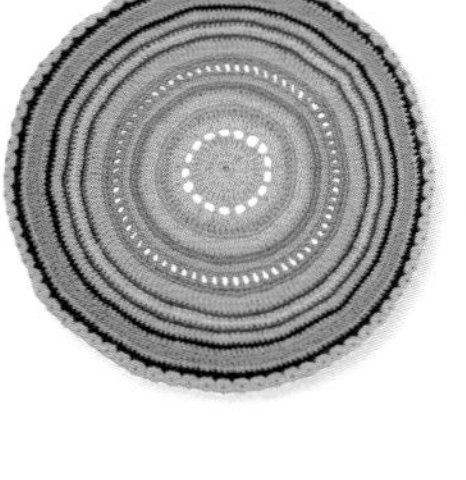

同心円状のラグ。足元から元気になりそう。

壁を彩るフレームで気分も華やかに！

壁を楽しくするプラスチックのランプ。

家具を使い
アート空間に

アメリカンポップなチェスト。遊び心満載な空間を演出しましょう。

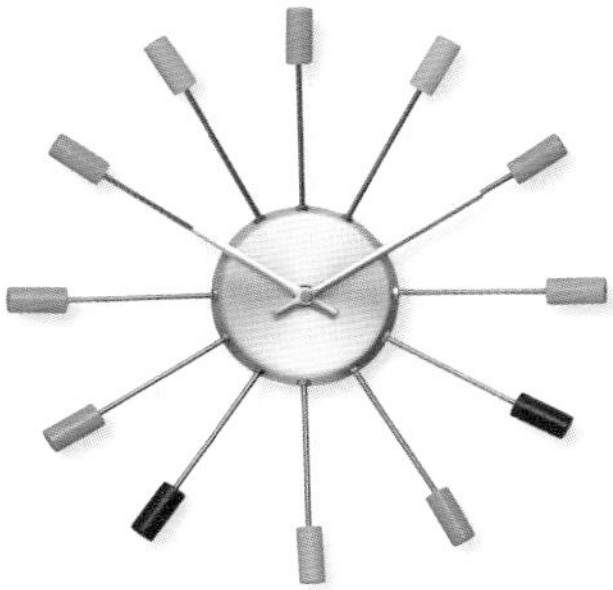

機能性よりデザイン性！ 壁かけ時計もアートオブジェ感覚で楽しんで。

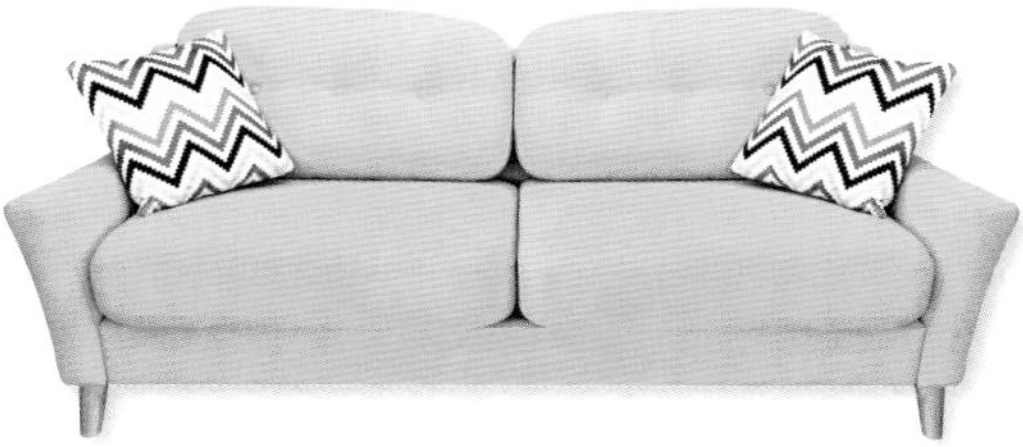

椅子やソファーは自分の存在価値を象徴するアイテム。色やデザインであなたらしさをアピール！

おしゃれな椅子は座っても見ても楽しめる！

Type別 インテリアアドバイス

ポスターやオブジェなど好きなアートを飾りましょう。赤と緑など補色関係を取り入れても個性的です。レトロポップ、アメリカンポップ、ガーリーポップなど自分流にアレンジ！

協調調和タイプのリビングルームづくり

ぬくもりある調和のとれた
快適さを求めて

空間づくりのキーワード

- ◆機能とデザインのバランスをとって
- ◆窓から差し込む光を感じるレイアウトに
- ◆自然をイメージさせる色合いに

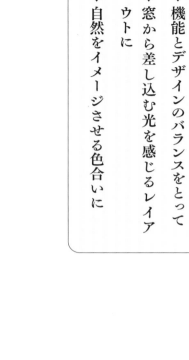

2

1 白ベースの圧迫感のない空間で心を解放！ どのような色とも相性がよく、観葉植物がアクセントカラーに。
2 森の中がテーマ。淡い色合いやボタニカル柄も○。
3 安定感ある色合い、木製の家具類で温かみを演出。

3

1

平和、調和、バランス心象を大切に

そこにいてほっこりする、ほっとする平和や調和をイメージさせる空間づくりを目指してください。安定や自然をイメージさせる色や素材を多用しましょう。機能とデザイン、暖色と寒色など上手にミックスさせたバランスのよい空間に心ひかれるはずです。窓から差し込む光の動きを感じられるように家具を配置すると、自然の中にいるような開放感を演出でき、心へのエネルギーに！

協調調和タイプ
リビングルームアイテム選びのポイント

・植物を取り入れたインテリアを大活用
・ウッディな製品でぬくもりをプラス
・ファブリックの素材感やデザインを生かして

素材感を強調したかご。中が見えないのが○！

素材はコットン。まるい形は温かみを感じさせます。

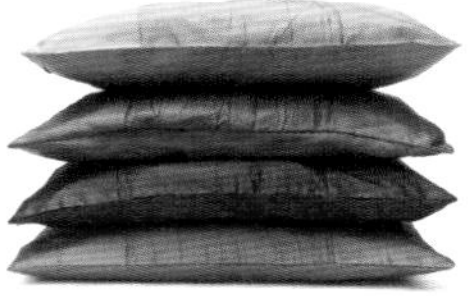

大地や植物をイメージさせる色のクッション。

花瓶もセラミックなど自然素材にして。

人気のハーバリウム（植物標本）もおすすめ。

高さの低い家具は安心感を与えます。

ウッディの家具には、やっぱりぬくもりや温かみを感じます。

壁にも
自然の彩りを
添えて

壁かけタペストリー。コットン・麻・ウールなど自然素材で。

必ず取り入れたいのが、やすらぎをもたらす観葉植物。部屋のあちこちにおいて生命感あふれる空間に。

観葉植物も見せ方を変えて楽しみましょう。

Type別 インテリアアドバイス

自然素材を多く取り入れていますが、金属のインテリアアイテムも上手に活用してバランスをとって。四角、三角、まるみを帯びた形などどんな形でもOK。自由な組み合わせを楽しみましょう。

行動情熱タイプの寝室づくり

ホテルライクな空間に
やすらぎを見いだして

空間づくりのキーワード

◆ベーシックカラーでまとめてシンプルに

◆大小の枕やベッドスローでホテルの雰囲気に

2

3

1

1 部屋全体を照らす主照明だけでなく、ベッドサイドに補助照明を使うとホテルっぽくなります。
2 ハイバックベッドにして高級感を演出。ベッドスローをインテリアとして取り入れて楽しんでも。
3 白をベースにすると上品さを感じます。

リラックスアイテムは何でも取り入れたい！

色や柄は多用しない、必要ない物はおかないという考え方はリビングづくりと同じです。照明器具を活用してホテルのようなムーディーな感じを演出してみるのもいいですね。家具をおくなら背の低い物にすると、部屋が広々と感じリラックスできるはずです。「寝室は心身を休めるところ」という意識が特に強いのが行動情熱タイプなので、睡眠にいいアイテムはどんどん取り入れてください。

行動情熱タイプ

寝室アイテム選びのポイント

- リネン類や寝具類は肌触りのいいものに
- BGMや抱き枕、アロマで快適さを重視
- スクエアなデザインやロータイプの家具をチョイス

部屋になじむカラーにして！

ミラーのデザインもスクエアなどシンプルに。

小さくコンパクトなスピーカーに。

ルームシューズは単色で肌触りのよいものがおすすめ。

シンプルな抱き枕。黒や白など落ち着いたカラーで。

アロマで心を落ち着かせながら入眠！

スマホは時計がわり。ホルダーに立て枕元において。

寝室には加湿器もおきたい。スタイリッシュで決まり！

スクエア、直線的なデザインのベッドサイドテーブル。邪魔にならない大きさが○。

枕だけでなく上質なクッションもプラスして贅沢な気分に！ 色柄はシックに。

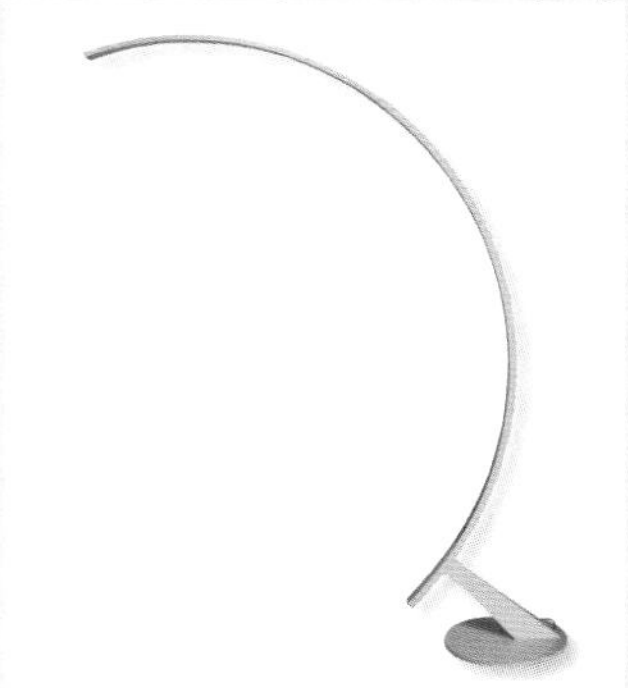

フロアランプをおいてホテルのようにムーディーさを演出。

Type別 インテリアアドバイス

寝室は健康管理の場、が行動情熱タイプのモットー。ヨガマットやトレーニング器具など体の健康維持のためのグッズ類はアクセントカラーでコーディネイト。寝室におく家具類はベースカラーにしましょう。

友愛愛情タイプの寝室づくり

ときめくようなやすらぎを感じる空間に

空間づくりのキーワード

◆やわらかな色合いを基調に
◆ちょっと古い感じ＋上品さで女性らしく
◆さわやかな海のイメージも◯

2

3

1 白が基調のパステル調の空間づくり。ガラスのインテリアをおくなどクリアな感じも大切にしたい。
2 古めかしいけど上品なシャビーシックな雰囲気も○。
3 ピンクの濃淡で、やわらかでやさしい空間に。生花で大人っぽさを演出します。

1

イメージを大切に　形や色で空間づくり

〝心に秘めたときめきシーン〟にやすらぎを覚えるタイプです。たとえば、パステルカラーにあふれた穏やかな空間、古めかしい物の上品さを大切にした空間、白い砂浜に青い海をイメージさせるやさしい空間など、こんな〝心に秘めたときめきシーン〟をイメージして寝室づくりに取り組んでみて。フローラルな香りもやさしさ、上品さ、やわらかさを演出するインテリアと考えましょう。

友愛愛情タイプ

寝室アイテム選びのポイント

・もふもふ、ふわふわの肌触りを大切に
・香りやキャンドルなども取り入れて
・レースやフリル使いも楽しんで

レリーフの花柄模様が大人っぽい！

ピンクのラグ。ふわふわの感触が心地いい！

まあるいフォルムがかわいい目覚まし時計。

フローラルな香りのアロマキャンドルで心やすらかに。

透明感あるインテリアで心華やかに。

アンティークなフレームでお姫様気分に。

お姫様チック！

やさしい曲線が魅力の猫脚チェスト。リッチな感じも○。

シャビーシックな花柄のチェストも○。大人っぽい雰囲気に。

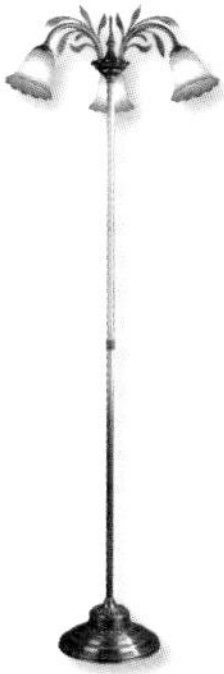

花モチーフのシェードがきれいなフロアライト。

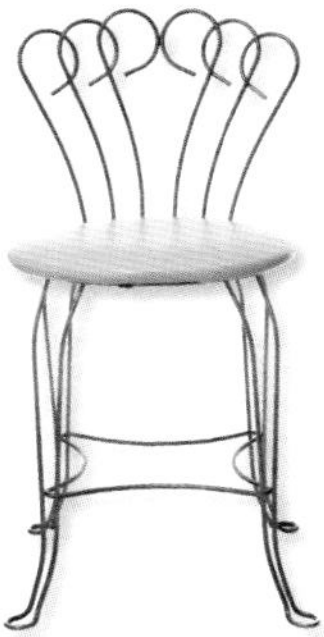

デザイン性の高い椅子で空間のセンスアップ！

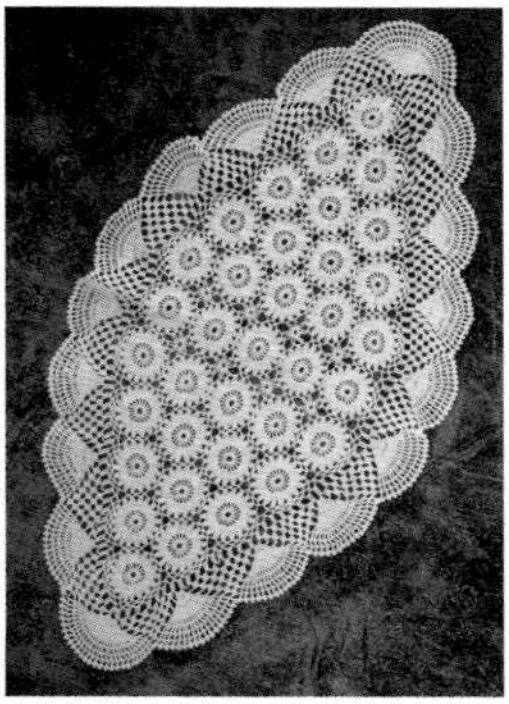

繊細なレースプレースマットで上品さを演出。

Type別 インテリアアドバイス

りぼん、小さい花柄、ハートなどのモチーフも○。ソフトガーリー系の家具類がおすすめです。友愛愛情タイプは香りが心に影響しやすいので、アロマやアロマキャンドルでリラックスを！

探究好奇心タイプの寝室づくり

自分らしさにこだわることが心のやすらぎに

空間づくりのキーワード

- ◆常識にとらわれない自由な発想が大切
- ◆テーマを決めて寝室を演出してみる
- ◆思い出の品を1つ飾る

2

3

1 ベッドまわりを彩る楽しげな色使い。探究好奇心タイプにとっては心落ち着く寝室空間になります！
2・3 キャノピー付きベッドもこの通り個性的にアレンジ。
4 ガーリーポップな雰囲気も◎。大切なのは周囲に流されない自分らしさです。

4

1

世界にひとつの自分らしい寝室に

寝室はリラックススペースなので色も抑え心静まる雰囲気に……こうした一般的なセオリーにとらわれてはいけません。自由な発想が大事です。ごちゃごちゃした感じが好きならそれもOKですし、子ども部屋のようにキャラクターをテーマにするのも○。旅行先で買ったオブジェや写真など思い出の品を飾って自分らしさを演出しましょう。〝世界にひとつしかない空間〟に心休まるのです。

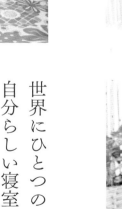

探究好奇心タイプ

寝室アイテム選びのポイント

・好きなカラーを使ってOK
・自分だけのアート空間がエネルギーに
・心躍るキャラクターものやぬいぐるみをおいて

この枕をして寝ると元気になりそう。

好きなキャラものはあちこちにおいて楽しむ！

ボールクッションは無造作に転がしておいて。

すいかの砂時計。小さなアートを楽しんで。

お気に入りキャラの家具。見て楽しむのもOK。

旅先で購入した枕など思い出の品を飾りましょう。

郵便はがき

おそれいりますが切手をお貼り下さい

104-8011

東京都中央区築地5−3−2

株式会社
朝日新聞出版
生活・文化編集部 行

ご住所 〒 電話 (　　　)		
ふりがな お名前		
Eメールアドレス		
ご職業	年齢 歳	性別

このたびは本書をご購読いただきありがとうございます。
今後の企画の参考にさせていただきますので、ご記入のうえ、ご返送下さい。
お送りいただいた方の中から抽選で毎月10名様に図書カードを差し上げます。
当選の発表は、発送をもってかえさせていただきます。

愛読者カード

本のタイトル

お買い求めになった動機は何ですか？（複数回答可）

1．タイトルにひかれて　2．デザインが気に入ったから
3．内容が良さそうだから　4．人にすすめられて
5．新聞・雑誌の広告で（掲載紙誌名　）
6．その他（　）

表紙　1．良い　2．ふつう　3．良くない
定価　1．安い　2．ふつう　3．高い

最近関心を持っていること、お読みになりたい本は？

本書に対するご意見・ご感想をお聞かせください

ご感想を広告等、書籍のPRに使わせていただいてもよろしいですか？

1．実名で可　2．匿名で可　3．不可

ご協力ありがとうございました。
尚、ご提供いただきました情報は、個人情報を含まない統計的な資料の作成等に使用します。その他の利用について詳しくは、当社ホームページ https://publications.asahi.com/company/privacy/ をご覧下さい。

好きな国のポストカードを壁にペタペタ貼って空想旅行を楽しみましょう。

幾何学模様が印象的！ インパクトある家具はあなたにぴったり。

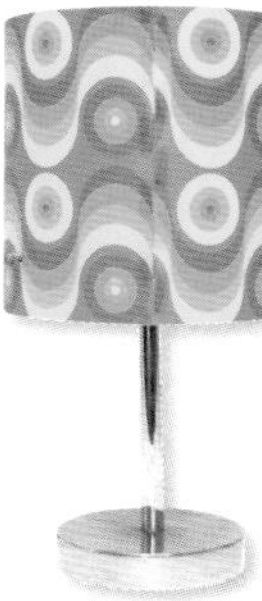

レトロポップな照明スタンドで雰囲気づくりを。

こんなキュートなかごならいくつあっても OK。

好きなオブジェをめがねスタンドがわりに。

Type別 インテリアアドバイス

カーテンやファブリック類も心地よさを優先してビビッドカラーにしてＯＫ。こんなの寝室におかないかも、というものがたくさんあるのが探究好奇心タイプの寝室です。

協調調和タイプの寝室づくり

ホリスティックをテーマに
心静まる空間づくりを

空間づくりのキーワード
- ◆さまざまな色や素材で寛容な空間に
- ◆五感にいい自然素材を取り入れて
- ◆ベースカラーを引き立てる色やボタニカル柄を上手に活用

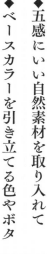

2

1 ボタニカル柄、観葉植物などで自然の世界を演出。
2 ナチュラルな雰囲気に欠かせない無垢材の家具。ウッディな質感と色にぬくもりを感じる寝室に。
3 淡いアースカラーで統一。絹や綿などの肌触りは心身をいやしてくれます。

3

1

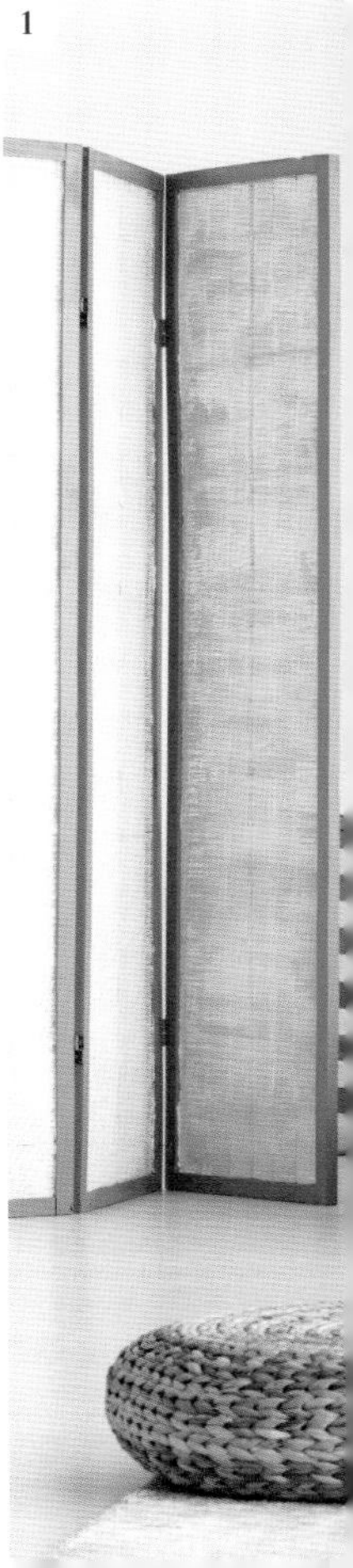

心身をいやすナチュラルな空間

見て触れて感じる心地よさを大切にしたいですね。五感に訴える家具やファブリック類、照明を選びましょう。無垢材の家具は、触ったときの温かみや美しい木目が心をいやしてくれます。ナチュラル素材のインテリアと相性がいい、やわらかい印象を与える流線形の家具もおすすめです。お日さまの光のような温かみを感じる照明も、心身をいやす重要なアイテムです。

協調調和タイプ
寝室アイテム選びのポイント

・無垢材や背丈の低い家具がおすすめ
・肌に触れる物は心地よさが第一
・照明でナチュラルな雰囲気づくり

和紙を使った和モダンなランプシェード。

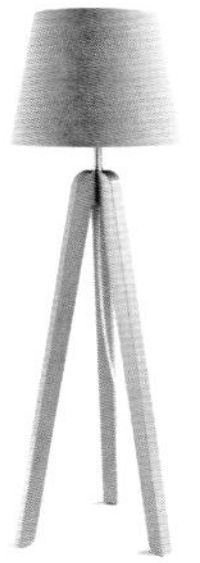

フロアスタンドの木製の長い脚が印象的。

収納ボックスも
自然素材に！

ごげ茶のラタンは、木製家具との相性も○。

陶器のアロマ
ポットでもOK

木製のお香立て。木のやさしい風合いが魅力。

観葉植物が苦手ならドライフラワーでもOK。

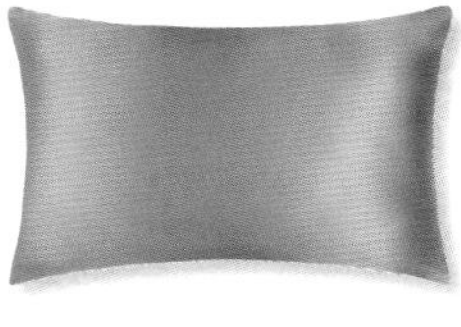

シルク素材の枕カバーで心も肌も元気に。

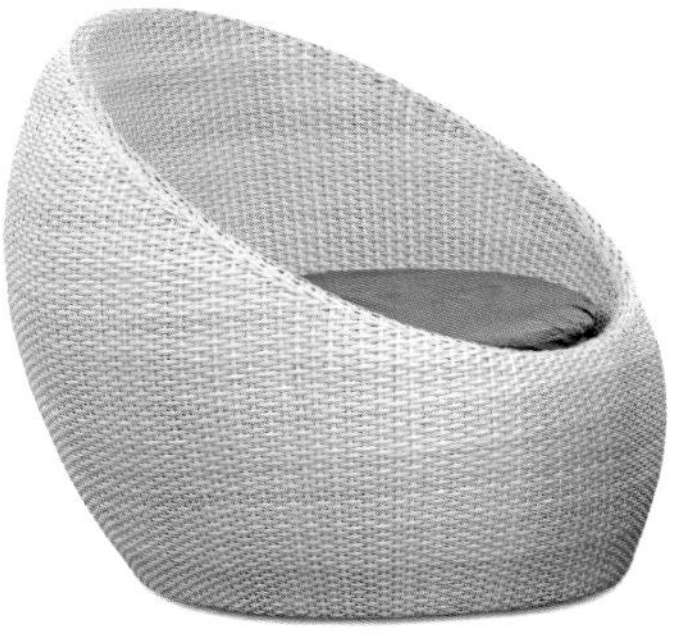

角がないやさしい曲線の家具はおすすめ。籐製のチェアはベッド以外のリラックススペースに。

無垢材のドレッサー。いろいろな用途に使えそう！

小さくても無垢の家具があると心休まります。

リビングと同じように、寝室にも観葉植物を取り入れて。コーナーでもいいので“プラントスペース”を！

Type別 インテリアアドバイス

自然素材ならビビッドトーンやダークトーンでも○。植物柄や大きな花柄のファブリック類も上手に活用。木だけでなく、鉄、セラミックなど素材感のあるものをバランスよく取り入れて。

行動情熱タイプの書斎づくり

集中できる環境づくりを

さまざまな用途に使われる書斎ですが、書斎＝ワークスペース専用にする方が多いのでは。物はなるべく見えないように収納し、雑然さをなくして集中できる環境にしましょう。機能美あふれる文具類、整理整頓を促すアイテムを活用して。使いたい物がすぐに取り出しやすく、資料がどこにあるかひと目でわかるようにすることが大切です。

機能美優先の
使い勝手のいい
仕事場

空間づくりのキーワード

- ◆整理整頓用のアイテムを多用
- ◆文具類は実用重視、色や素材感を統一
- ◆見せない収納が基本

使いやすさを重視。パソコンをおいても広く使いやすいデスクをチョイス。

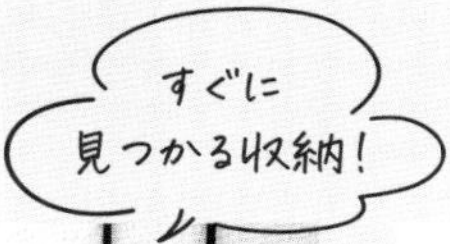
すぐに
見つかる収納!

壁にワイヤーネットをつけ、マルチな収納スペースに。メモや書類などを目につくように吊るして。

使わない小物類は見えないように収納。

マガジンラックもワークスペースのアクセントになります。

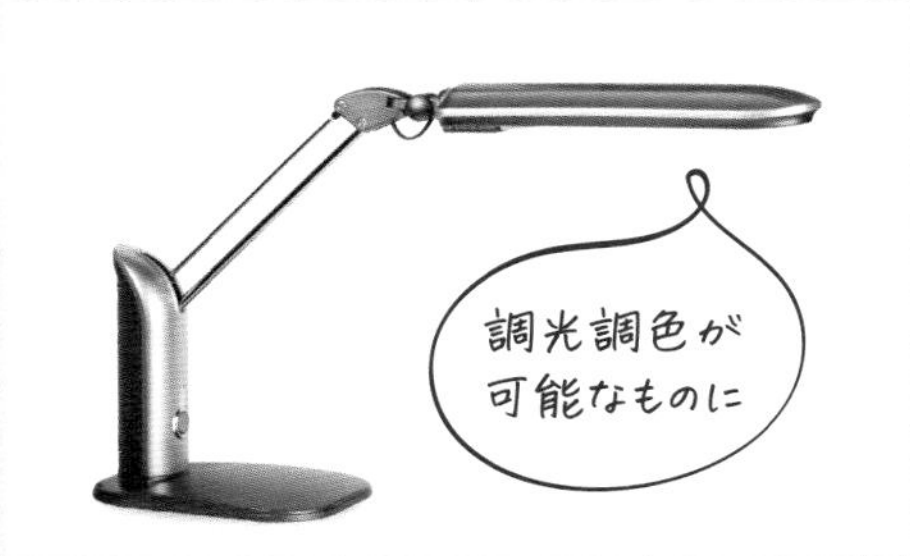
調光調色が
可能なものに

スタイリッシュな照明スタンド。アームのデザインが美しい！

長時間座るならオフィス仕様の椅子に。

たっぷり入るシンプルなペンスタンドは機能的。

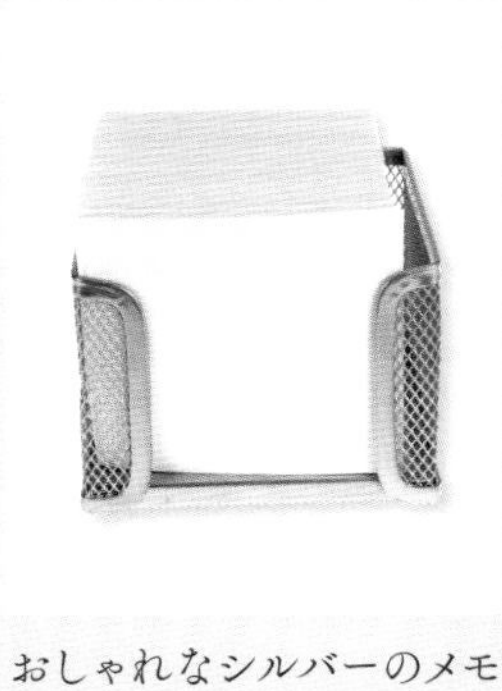

おしゃれなシルバーのメモホルダー。

友愛愛情タイプの書斎づくり

キラキラが心を活性化

書斎らしく整然とした機能重視の環境にすると、心落ち着きません。リラックスできる雰囲気づくりを大切にしたいのが友愛愛情タイプです。パステルカラー、透明感あるもの、キラキラしたものに心ひかれる傾向にあるので、そうしたアイテムを目に入るところに取り入れるといいですね。また、かわいいものが心を刺激します。ラブリーな文具類を身近におくとやる気が出ます。

かわいさ重視のリラックススペースに

空間づくりのキーワード

- ◆クリアなアイテムを上手に活用
- ◆キュートな文具類にワクワク！

ピンクが基調の空間で華やいだ気分に。ときめく心を大切に！

デスクにおきたい収納ボックス。取っ手のピンクがアクセント！

プラスチックのペントレイもパステル調に。ほかの色味を揃えて楽しんでも。

クリスタルのサンキャッチャーは窓辺に。

クリスタルの置物は見ているだけで笑顔に。

ピンク系のハーバリウムにいやされます。

まるいクッションの上でちょっとひと休み。

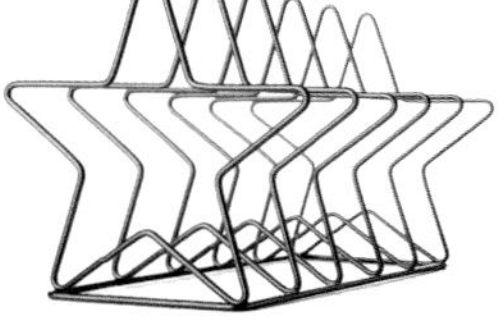

かわいい！　星モチーフのブックスタンド。

こんなペンを使えば、心が軽くなりそう！

探究好奇心タイプの書斎づくり

自分の秘密基地をつくる

書斎に求めるものは、仕事場としての機能とあわせ、自分の時間を楽しめる環境です。モチベーションが上がる音楽を流すのもOK。お気に入りのアイテムで部屋をいっぱいにしましょう。デスクの上も見ているだけで楽しくなるように工夫すれば、充足感を得てやる気もアップ。いつも戻ってきたくなる秘密基地をつくるような感覚かもしれません。

自分時間を楽しむ空間づくり

空間づくりのキーワード

◆明るい色味、見て触れて楽しいものを取り入れて

◆遊び心を大切にした、機能的な空間づくり

黄色は知を象徴します。楽しい気持ちになるかどうかがアイテム選びの基準になります。

インパクト大なカレンダー！ 大きな数字だから見やすさも○。

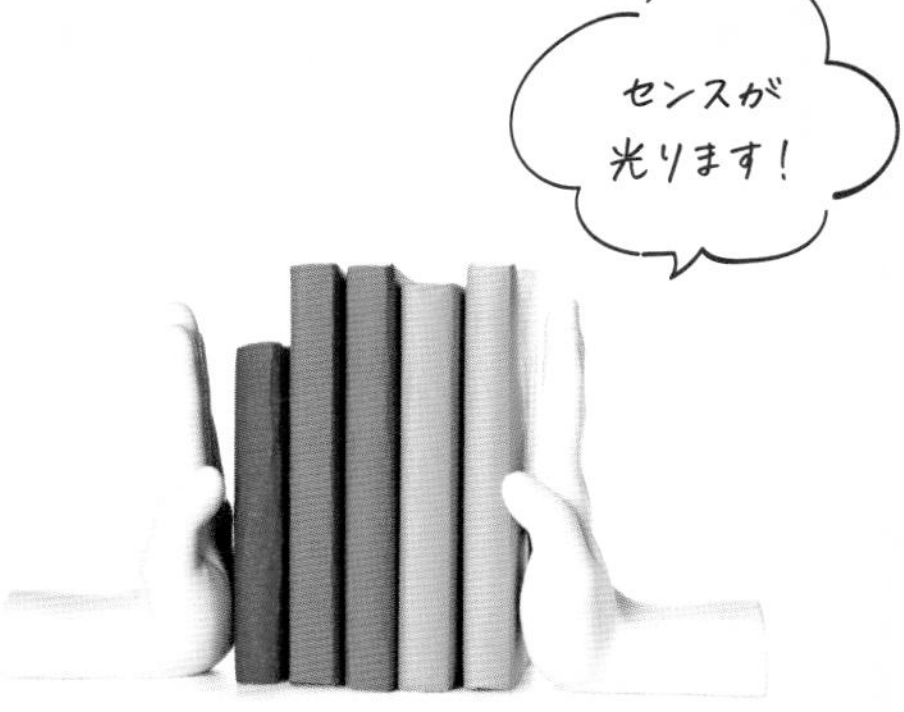

手をモチーフにしたブックエンド。動物や鳥モチーフの物でもOK。

ポップな色合いがかわいいごみ箱。

細身のフォルムだから、デスク上もすっきり。

アニマルクリップで、デスク上が動物園に！

この鉛筆削り、おもちゃではありません！ 削るだけという無駄のない機能だから飽きずに使えそう。

レトロなラジカセ。軽快な感じが心地よい。

協調調和タイプの書斎づくり

ほっとするスペースに！

ブラウンなどのアースカラー、植物、ウッド調の小物や椅子……書斎をこうした要素のインテリアでまとめれば、気分がアップし仕事もはかどりそう。自分らしくいられる空間なので心の緊張も一掃できるはず。ベースが茶系なら暖色系も寒色系のアイテムも合います。デスクまわりには、ミニグリーンや風景の絵をさりげなく飾るといいですね。

素の自分になれるカフェ風の空間に

空間づくりのキーワード

- ◆素材感のある小物や椅子で楽しむ
- ◆グリーンや風景写真でリラックス感を演出

自然素材をふんだんに使用。素材感を生かしてカフェ風に。

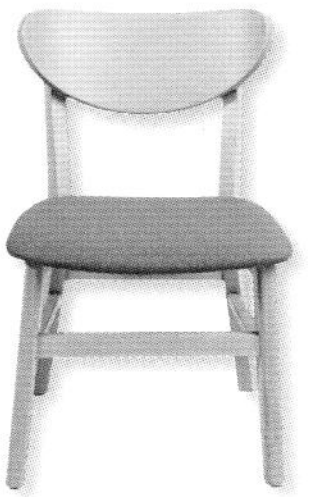

座面が布製の座り心地のよい椅子。長時間座っても平気。

デスクの上を
これで整理整頓！

木製のトレイ。ごちゃごちゃしてしまいがちなデスクの小物はひとまずここへ。

木製フレームに、海、山、森林など自然の風景写真を飾ってナチュラルな雰囲気に！

素材感が印象的な竹製のフォトフレーム。壁にかけてもOK。

テラコッタ製の鉢。小物入れとして使ってもgood。

作業中に見るといやされます。デスク上へ！

自然素材に
ほっこり♡

素朴な木のコースター。自然な風合いが魅力です。

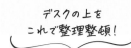

column

食と自己肯定感２

好きな物を食べると自己肯定感が高まる

好きな物、おいしい物を食べると自然と笑顔になり、心が落ち着き、満たされますよね。心は食事に大きく影響されるのです。

私は、よく「１週間に１回は何も気にせず好きな物を食べる、チートデイを設けましょう」と言っています。

普段の食事は健康を意識したメニューにしていますが、週に一度は大好きなファストフードのフライドポテトを食べています。すると「今週もよくやった！　頑張った！」と充実感や達成感を感じます。

実は好きな物を食べると、幸せホルモンのセロトニンやドーパミンが分泌されるんです。特に、自己肯定感が下がっているときはこうした物質が不足がち。そんな時こそ、好きな物を食べて自己肯定感を回復させましょう。

体重を気にして食事量を減らしている、脂肪を多くとらないように気をつけている、スイーツはダイエットのために我慢……そんなふうに気持ちを抑え込むのはNG！　心を解放し英気を養って！

Part 2

スペース＆部屋別
心を元気にするインテリア

インテリアを変えて気分転換することは
心を刺激してポジティブ思考に。
季節ごとに模様替えも効果的です。
色、モチーフ、香りも心への影響大！

インテリアを毎日変えて心の強さを底上げする

パート1では、4つのタイプ別にインテリア術を見てきました。このパートでは、ちょっと落ち込んだときや嫌なことがあったときに気持ちを切り替えたい、あるいは、心を元気にしたいときに手軽に取り組めるインテリア術をスペースや部屋別に紹介します。

キッチンは調理する場所、トイレは排泄をする場など、各スペースや部屋には日常生活を送る中で必要な機能がありますが、左のように**心理的な意味や機能も持ち合わせて**います。

○**玄関…気持ちが入れ替わるところ**

○**キッチン…自分らしさを感じさせてくれる、自分らしさを発揮する場**

○**ダイニングキッチン…コミュニケーションの場**

○**トイレ…健康面やメンタル面があらわれる場**

○**浴室・洗面所…自己愛を育み、リラックスする場**

○**庭・ベランダ…自然に触れ、脳が刺激される場**

次ページからは、各スペース・部屋ごとに自己肯定感を高めるインテリア＆エクステリアアイテムを紹介しています。取り上げたアイテムと自己肯定感の関係についても触れていて、何に影響をもたらすのかがわかるので、目的を持って取り組めるはず。**各スペース・部屋のアイテムを整えて心理面の機能をプラスに向かわせることで、徐々に自己肯定感がアップ**していきます。

どのように取り組むかは自分で決めてＯＫ。どこから始めるという決まりもありません。たとえば、キッチンで過ごす時間が長いならエプロンの色を変えて気分転換してもいいですし、家族とケンカしたときはダイニングキッチンのテーブルに生花を飾ってみる、あるいは、ちょっと疲れ気味なら浴室やトイレのタオル類を変えてみたり……何か1つ変えてみるだけでもＯＫ。

本パートの後半（Ｐ120〜）では、スキルアップ編として、色、形やモチーフ、香りをインテリアに取り入れるメリットを紹介しています。みなさんはすでに、意識しないまでもこうした要素を上手に取り入れられているかもしれませんね。

また、**四季折々の部屋の模様替えも気分転換となります**。生活がルーティン化すると感情は停滞し自己肯定感はダウンしがちになります。これを防止するためにも、Ｐ108〜を参考に四季に合ったインテリアにすることで脳を刺激、心にメリハリをつけていただきたいですね。

「玄関」の整え方

ポジティブな心にリセットする場

玄関は空気の出入り口で、心理的には気分が入れ替わるところです。いつもすっきりきれいにしておきたいので、毎朝、玄関を掃除するのが私の日課となっています。

さらに、左ページで紹介したインテリアを玄関において心地よい空間にしておけば、ポジティブな気分で朝出かけられます。また、出先で何があっても帰宅時に気分がリセットされるので、乱れた心が鎮まり安定しますよ。

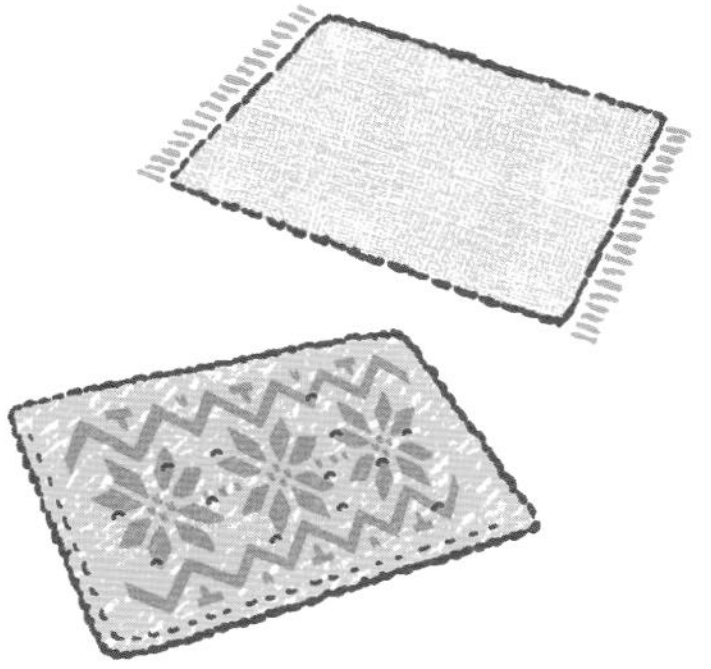

Point 1

玄関マット

玄関マットは新たな始まりを象徴し、心の刺激ともなり、やる気をプッシュしてくれるアイテム。素材や柄を季節に合わせシーズンごとにチェンジしましょう。やわらかな感触が足裏から脳に伝わり心もほっとさせてくれます。

Point 2

キートレイ

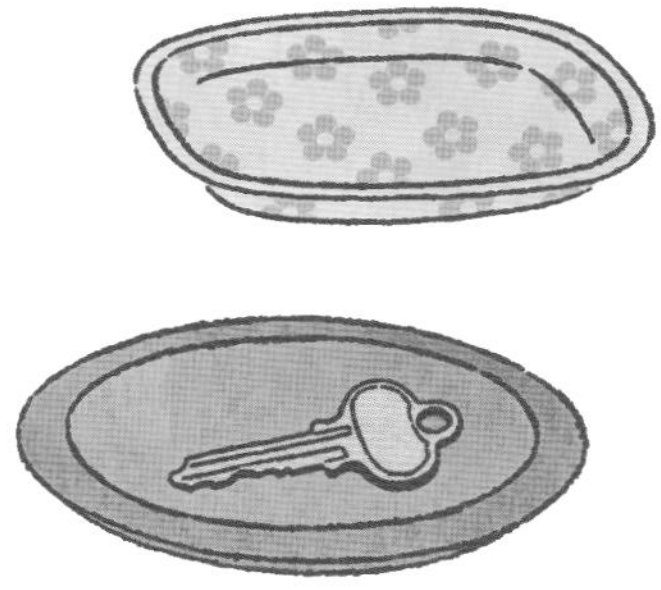

大事な物を定位置に見えるようにおくと心が安定するので、家の鍵はトレイに入れましょう。心が乱れ気持ちを穏やかにしたいときはまるいトレイ、頭をすっきりさせたいなら四角のトレイにしてみて。感情をコントロールすることで、自分自身を信じられるように。

Point 3

鏡

鏡は自分の心を映すアイテム。いつもきれいに磨きましょう。鏡で自分を見てネガティブなことしか浮かばなかったら心が疲れている証拠。毎朝、鏡の前の自分にポジティブワードをかけてみて！

「キッチン」の整え方

自己表現を通して自分を好きになる場

料理は自己表現のひとつ。自分の選んだ食材を自由に味つけし、自分らしい一品をつくることができます。キッチンは自分らしさを感じさせてくれる場。また、パートナー、家族、友人のためにおいしい料理をつくることで前向きなマインドも生まれ、人の役に立っている自分、人とつながっている自分を感じることができるようになります。キッチン空間を整えれば、今の自分をもっと好きになるでしょう。

Point 1

キッチンクロス

洗った食器を拭くのは面倒なもの。そんな単純作業も、クロスを意識的に楽しく選ぶことで「自分で決定できる！」という自信が積み重なっていきます。その日の気分に合う色や柄のクロスを使えば気持ちも⤴！

Point 2

調味料入れ

調味料入れは、容器を揃えてディスプレイ収納してみて。自分でディスプレイしたことで達成感や自己責任感が強くなります。整理整頓され、必要な物がすぐに取り出せる環境にいると、心の浮き沈みが小さくなります。

Point 3

エプロン

お気に入りのエプロンを着用することは、自分らしさを強調し、他人とは違う自分を表現することです。自分自身を肯定的にとらえる傾向が強くなり、自信がつきますよ。ポケットやループつきの使いやすい物がおすすめ。

「ダイニングキッチン」の整え方

生きるエネルギーを生むコミュニケーションの場

ダイニングキッチンは、食事をとって栄養を体に循環させる場。たとえひとりの食事でもおいしい物を口にすることで、幸福感や感謝の気持ちが生まれ人生が豊かになります。プラスのエネルギーを生み出す空間なのでインテリアでしっかり整えたいものです。

誰かと一緒に食事をとれば、そこにはコミュニケーションが生まれます。自分は受け入れられているんだと強く感じ、安心感も生まれますよ。

Point 1

ランチョンマット
カトラリー

自分自身のために丁寧につくった料理を、きれいなテーブルウエアを使ってゆっくり食べることは、自分自身を大切に扱うこと。暖色系のアイテムなら食事をおいしく演出してくれます。

Point 2

グラス・カップ

お気に入りのグラスやカップを使うと、飲むたびに気分が上がり明るい気持ちに！　グラス類を大切に扱うことで自分を大切に扱う意識が生まれてきますよ。すき通ったガラスのグラスは心地よさを、持ちやすいグラスは安心感を与えます。

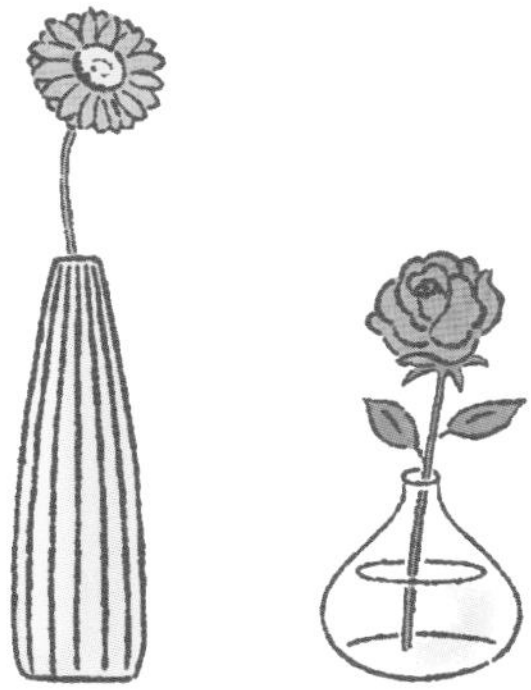

Point 3

一輪挿し

小さな一輪挿しに季節の花を生けてテーブルの中央に飾りましょう。花瓶はシンプルなデザインでＯＫ。花があるだけで、気分が「快」になります。花を見たすべての人が幸福感に包まれるので家族の関係もよくなります。

「トイレ」の整え方

健康状態が見える
自分と向き合う場

家の中で一番清潔に保ちたいのがここ。トイレの状態は健康面や精神面のあらわれなので、いつもきれいに保つことで心や体は安定します。

トイレ掃除はみんながやりたがらないからこそ、ピカピカに磨くと決めてやり抜くことで意志力を鍛えることができるんですね。その上でインテリアを整えてください。

トイレという静かで落ち着いた空間は、自分自身と向き合える場でもあります。

Point 1

ハンドタオル

美しいデザインや好みの色、やわらかい肌触りのタオルで手を拭くと気持ちいい！と感じ、リラックスした気分に。心地よい気分で自分を見つめることで、知らなかった自分のいい面に気づいて幸せな気分に浸れそう。

Point 2

香り

嫌なニオイをかぐと不快感が生じ「イラッ」「もやっ」とした気分に。トイレにはリラックスできる香りをおきましょう。芳香剤、アロマなどからチョイス。気分をリフレッシュして、ゆらぐ心をニュートラルに戻しましょう。

Point 3

スリッパ

トイレの床には雑菌がいっぱい。スリッパは健康な心身をキープする意味でも必須のアイテム。滑りにくく、ソフトな履き心地は心に安心感をもたらします。清潔感ある無地のほか、上品なチェック柄などがおすすめです。

「浴室・洗面所」の整え方

心身をいやして元気づけるケアの場

心身をほぐして翌日からの活力を養うリラックススペース。浴室でのセルフケアは自己愛を育み、自分を大切にする気持ちを養います。

心がほぐれることで、楽しいうれしいといったポジティブな感情が増幅！　毎日のバスタイムは自己肯定感を高める大切な時間です。さらにこの時間に好みの小物類で特別感を演出すると「私は価値ある存在だ」「私は自分を大切に扱う」と気づき、自尊心が高まりますよ。

Point 1

ボトル類

ボディーソープやシャンプーなどを入れる、ボトル類の色やデザインを統一してきれいに並べましょう。生活感がなくなってすっきり！　スペシャルな気分にしてくれます。収納や整理整頓もしやすくなって、一石二鳥！

Point 2

バスタオル類

フェイスタオル＆バスタオルはふわふわの肌触りのものに。第３の脳といわれる皮膚が気持ちいいと感じ、ストレスホルモンが軽減されて心が落ち着きます。毛足の長いやわらかな物が効果的。ラグジュアリーな気分にもなり心ウキウキです。

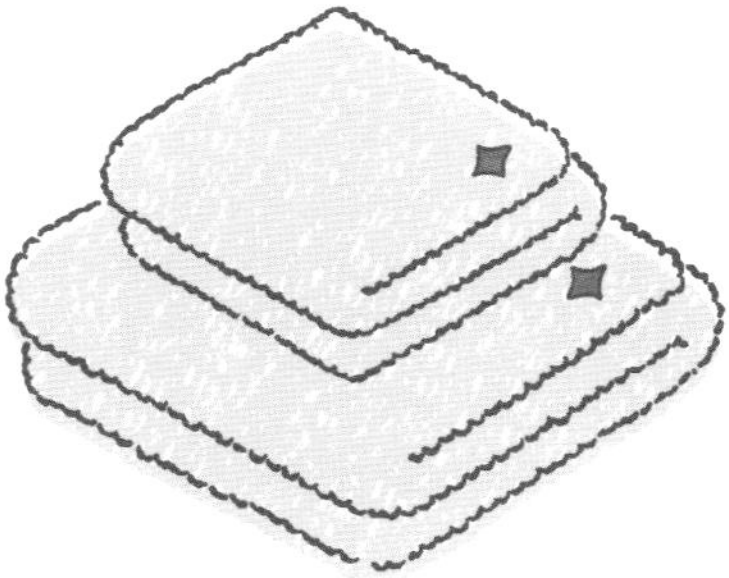

Point 3

入浴剤

入浴剤はリラックス効果抜群。香りや色、形にこだわって選んでみるのは楽しいもの。カラフルな入浴剤は、視覚からの刺激でバスタイムを心地よいものに。きれいになる自分を感じ、幸福感もアップ！

「庭・ベランダ」の整え方

夢や冒険心を育み ポジティブ思考を生む場

庭、ベランダなどは、自然を見たり、触れたり、味わったりする場。実は人間は、自然に触れるとクリエイティブな思考が刺激されます。すると自分自身の眠っている可能性を信じて探し始め、夢がどんどん膨らんでいくのです。また、自然に触れることは好奇心を刺激したり冒険心をくすぐり、新しいことに挑戦する意欲をかき立てます。夢や冒険心がポジティブ思考を引き出し、人生に前向きになれるのです。

Point 1

テーブル・椅子

テーブルや椅子をおいて自分の好きな時間を過ごすスペースをつくってみましょう。家具類は自然との調和がとれ、温かみを感じる木製がおすすめです。自分の手でスペースをつくる喜びを感じることで自信がつき、達成感を味わえます。

Point 2

ガーデニング

植物を育てることは、日々小さな成功体験を積み重ねているようなもの。成長を見るたびに、達成感を得て幸福度が高まります。土いじりに没頭することは、心配事から気をそらす効果があることもわかっています。

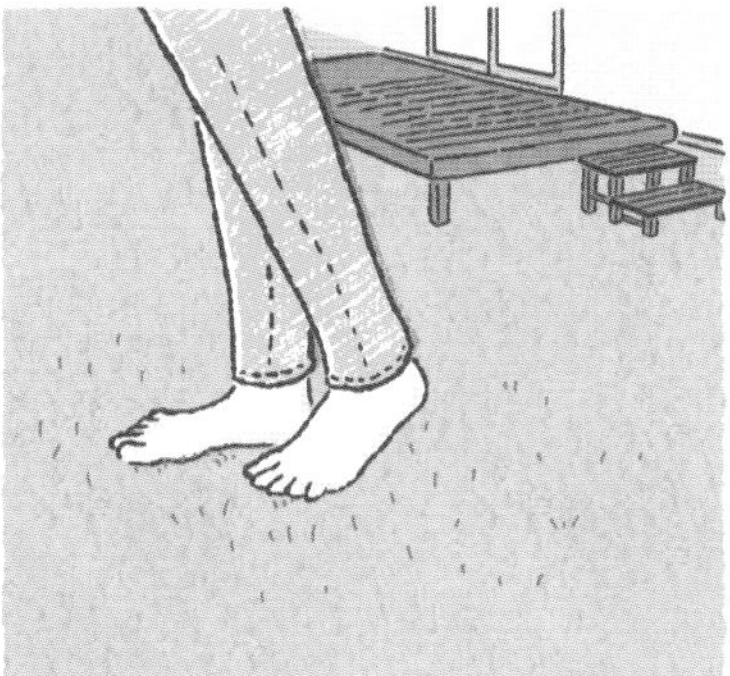

Point 3

人工芝

ストレスや不安があるときは、人工芝や土に両足をつけて“立つ瞑想”にトライ。私も疲れたときは公園の芝生の上でゴロゴロします！　この行動で働きすぎの脳を休ませ、幸せホルモンを分泌。自律神経のバランスが整います。

Color

色

スキルアップ1

好きな色が心を元気にしてくれる

色彩心理学という学問があるように、色は心に、そして自己肯定感に影響を与えます。色が人の生理や感情に大きく影響するのは、視覚からだけでなく皮膚など体全体で色そのものをキャッチしているから。

色には心理的な意味がありますが、**大切なのは「この色が好き」という気持ち**。それがあなたの心を元気にします。その上で**「こんな気持ちになりたい」というテーマを色にサポート**してもらうといいかもしれません。たとえば、家族で会話を楽しめるようにリビングには陽気な気分になるオレンジ系を、ダイニングキッチンには食事がおいしそうに見える赤系を、コミュニケーションを円滑にしたいので黄系を、などといった具合です。

黄

色の心理効果

楽しい、明るい、緊張をやわらげる、機敏、計画性、知的、明晰、左脳的など

活用方法

気分を上げたいとき、元気を出したいときのカラー。はつらつとした自分を演出したいときにこの色の力を借りましょう。素直になれない、心が硬直して動けないといったときに取り入れると、気持ちが軽くなるはず。

青

色の心理効果

冷静、女性性、調和、安定、落ち着き、寛容、集中、愛、受容など

活用方法

気持ちを落ち着かせ、集中力が高まるカラー。集中して考え事をしたいときは、青を基調にした空間に身をおいて。青々とした海や青空の写真を目に見えるところに飾ると、心身が落ち着き、感情の高ぶりを抑えてくれます。

赤

色の心理効果

情熱的、躍動的、感情的、活発、エネルギッシュ、生命力、男性性、攻撃的など

活用方法

闘争心をかき立て、視覚的に訴える力が一番強いカラー。仕事でのプレゼン、趣味のスポーツなど勝負事で自分を鼓舞させたい、自分の決断を周囲に認めさせたい、そんな状況や気持ちになったときに使いましょう。

紫

色の心理効果

高貴、温厚、内省、思慮深い、神秘的、高級感、エレガントなど

活用方法

好き嫌いがはっきり出るカラーかもしれません。疲労回復や興奮を鎮める効果があるので、ストレスや緊張が続いたときに見ると心が落ち着きます。感性を豊かにしてくれるので創造性を発揮したいときも○。

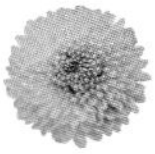

緑

色の心理効果

成長、新鮮、バランス、さわやか、自然、新しいことを始める、リラックス、調和

活用方法

安心感や安定、調和をあらわすカラー。木や森をイメージさせる空間にいるとリラックスでき、思考が柔軟になります。周囲の人の緊張をとるので、交流を深めたいとき、話し合いをするときなどに取り入れるとgood。

オレンジ

色の心理効果

喜び、明るい、温暖、高揚感、寛容、自由、楽しい、楽しませるなど

活用方法

ビタミンカラーとも呼ばれ、ちょっと落ち込んだときにこの色を見ると元気を取り戻せます。人の心をほぐすパワーもあるので、コミュニケーションを促します。初対面の人との会合や場を和ませたいときに取り入れて。

黒

色の心理効果

権威、力強さ、辛抱強さ、隠された才能、大人、高級感、重厚感、洗練されたなど

活用方法

強靭な気持ちをアピールするカラー。気持ちを引き締めたいときにも効果的。自分を強くしたい気持ちを助けます。多く使うと重厚感のある部屋になりますが、狭い部屋に使うと閉塞感を与え孤独感が募るので注意して使って。

白

色の心理効果

純粋、清潔、神聖、透明、万能、全能、満足感、無垢、自信など

活用方法

シンプルで清潔感をあらわすカラー。オフホワイトやソフトホワイトはリラックス効果があります。始まりを感じさせてくれるので、心機一転して物事に取り組みたいとき、気持ちをリセットしたいときに効果的です。

ピンク

色の心理効果

やさしさ、愛情、同情心、いやし、幼さ、甘い、思いやり、健康的、奉仕、忍耐など

活用方法

喜びや健康に結びつくカラー。淡いピンクは刺激が少なく幸福感をイメージさせます。穏やかでやさしい気持ちにしてくれるので、心がぎすぎすして疲れたときに取り入れたい！　仲直りしたいときにも◎。

Shape

形

スキルアップ2

形やモチーフも上手に活用する

形やモチーフにも、色と同様に心理的な意味があります。実現したいこと、または欲しい物を象徴する形やモチーフのインテリアを、目につくところにおくといいですね。たとえば、女性らしさをもっと身に着けたいときはハート模様やハートモチーフ、元気を出したいときは太陽のモチーフのインテリアを取り入れてみるなどです。

あまり難しく考えないで、好きなモチーフだな、すてきだな、この形を見ていると何となく心が明るくなる、気持ちがやわらぐなど、やはり**自身の気持ちに目を向けてプラスの感情が生まれる物を取り入れましょう。**これいい！と直感に頼ってもOK。直感はあなたの本質と直結していることが多いので、求めているものかも。

形やモチーフの意味を知ろう！

蝶

環境変化への試み、願望、別離

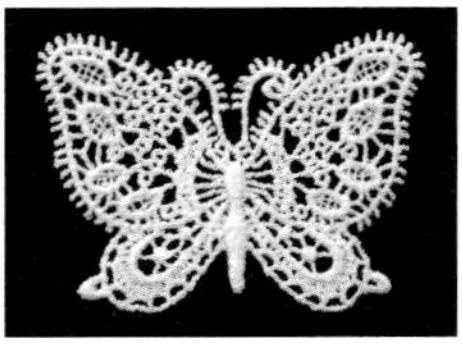

鍵

何かを解決するための手がかり

花

ほめてほしい、愛情欲求、女性的エネルギー

魚

恵み、幸運、神聖

りぼん

約束、絆

六角形

調和、統合、
安定

フルーツ

実り、長寿、
繁栄

太陽

喜び、繁栄、
生命力

鳥

想像力、
理想の化身、
アイデア

ハート

愛、恋、女性

螺旋

進化、循環、
運動

星

希望、健康、
富、夢

Aroma

香

スキルアップ3

香りは心と体に働きかける

香りはダイレクトに脳を刺激するので、心への影響は大！　自律神経を整える働きもあり、心身の健康にも深く関係しています。心身のいやしのためにアロマをたいたり、好きな香りの入浴剤を使ったり、みなさんもすでに日常生活の中に取り入れられていることでしょう。

私はリラックスしたいときにオレンジ系アロマの香りを使います。

オレンジの香りには、ストレスからくる神経の緊張をやわらげ、エネルギーの循環を促す作用があります。気持ちが切り替わり、本来の自分に戻ることができます。風邪をひき始めた体調が悪いときによく使うのはペパーミントです。

左ページにおもな香りの効果をまとめました。香りアイテムには、アロマやアロマキャンドル、ルームフレグランスなどがありますが、石鹸やシャンプーなどに、好きな香りを使ってもいいですね。

そしてもうひとつ、私が実践する香りの活用法があります。仕事が続いて気分転換したいときに、緑がたくさんある公園の中を歩いて、葉の香りをかいでいます。

植物に含まれるフィトンチッドという成分にはストレスホルモンを抑えリラックス効果をもたらす働きがあります。森林浴をすると心が落ち着くのは、この成分のおかげ。研究では、わざわざ森林に行かなくても、緑の多い公園は森林浴と同様の効果があることがわかっているので、公園散策はストレス解消にうってつけなんです。

香りは記憶と結びつきやすいのが特徴です。ですから、プレゼンで成功していたときにつけていたオーデコロン、あるいは恋人に告白して思いが通じたときにつけていた香水などは、「これをつけているとうまくいく」というポジティブ思考になれるラッキーアイテム。生活の中で上手に活用していきましょう。

フローラル系

フローラル系は、甘く濃厚な香りが特徴です。華やかな感じ、エレガントな感じなど香りはさまざま。緊張をほぐし、リラックスしたいときに！
▶**ラベンダー、ローズ、ジャスミン、ライラック、ミモザ、ネロリ**など

ウッディ系

樹木の葉や枝、樹皮から抽出され、香りの持続性が高いのが特徴。森林の中にいるようなすがすがしい香りでリラックス効果が高いものが多いです。
▶**シダーウッド、ティーツリー、ユーカリ、ジュニパー**など

ハーブ系

ハーブの花や葉からつくられ、清涼感のあるすっきりした香りが多いです。集中力を高めたり、気分転換や気持ちをリフレッシュしたいときに！
▶**スペアミント、ペパーミント、セージ、ローズマリー、タイム**など

柑橘系

柑橘系フルーツなどからつくられ、みずみずしくさわやかな香りが特徴です。集中力を高めたいとき、緊張をほぐしたいとき、元気を出したいときに！
▶**レモン、グレープフルーツ、オレンジ、マンダリン、ベルガモット**など

スパイス系

料理に使われる香辛料からつくられ、スパイシーで刺激的な物が多いです。香りが強いので他のグループの香りとブレンドして使うことが多いです。
▶**ブラックペッパー、ジンジャー、シナモン、クローブ**など

オリエンタル系

おもに東南アジアや中東の植物からつくられ、エキゾチック系とも呼ばれます。異国を思わせる、魅惑的な香り。心を静めたり、心地よい眠りにつきたいときに。
▶**イランイラン、サンダルウッド、パチュリ**など

四季のインテリア＆片づけ術

Spring 春

桜など季節の花を飾ろう

春は入学や異動など、生活環境が変わりストレスがたまりやすい時期。自律神経のバランスが乱れて、体だけでなくメンタルの不調も起こりやすくなります。自己肯定感は体調によって左右されます。疲れやすい、やる気が出ないといったことが続けば、自己肯定感も下がってしまうので気をつけたいもの。

春は植物が元気に芽吹く季節。**春の花である桜を部屋に飾って**春を感じれば、心も華やいでリセットできるはず。お花見、雛祭り、端午の節句といった行事を楽しむことは、毎日を丁寧に生きているということ。自分の生活を大事に思うことで自己肯定感も高まります。

春は花粉のシーズンでもあります。部屋のすみずみまで掃除して花粉を残さないように。空気清浄機も使いましょう。

春のお掃除＆片づけチェック

- □ 新生活で使わないものは捨てる
- □ 衣替えをする
- □ 稼働していないエアコンを掃除
- □ 生活環境が変わり大掃除のチャンス。ラグやカーテンなどの大物洗いに取り組む
- □ 冷蔵庫内をきれいにして食中毒予防

Summer
夏

風鈴で涼しさを演出する

近年の夏は、異常ともいえるほどの猛暑。気温が高くなると人は行動的になりますが、暑すぎればパフォーマンスが低下、集中力もなくなりイライラ感が募ります。こうなると物事はうまく進まず、ミスを誘発→自分はダメだ→自己肯定感の低下→不安や焦り、イライラ→うまくいかず…といった悪循環に陥りやすくなるので注意したいもの。

風鈴など涼しげなインテリアを身近において暑さを緩和、気持ちを落ち着かせましょう。七夕や夏祭りなどの夏のイベントも気分を変えるきっかけになります。

夏は高温多湿となりカビが発生しやすい時期なので、靴箱など湿気がたまりやすい場所の掃除は忘れずに。また、気温が高いと油が浮きやすいので、夏は油汚れ掃除のタイミングです。

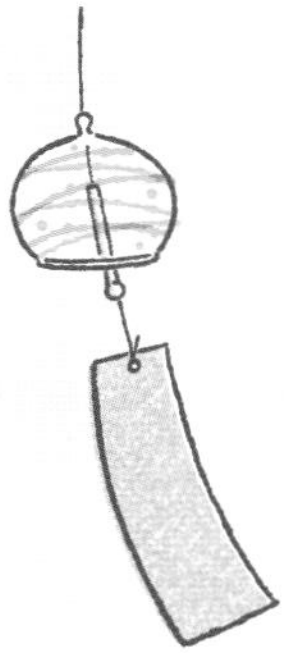

夏のお掃除&片づけチェック

- □ 窓ガラスの掃除（梅雨の湿気が、砂や土などの汚れを浮き上がらせてくれる）
- □ 換気扇の掃除
- □ ふすまや障子の貼り替え
- □ 靴箱は除湿剤や防臭剤なども使って湿気対策
- □ 大掃除の負担を減らす

Autumn

秋

紅葉など季節感で心をいやす

暑さが落ち着き過ごしやすくなりますが、急に気温が下がることで体調を崩しやすくなる時期でもあります。季節の変わり目は自律神経の働きが不安定になるので、疲れが抜けない秋バテに見舞われたり、心にも影響を与えます。物悲しいような憂うつな気分が自己肯定感の低下にもつながります。

季節を感じる丁寧な生活を送ることで、ニュートラルな気持ちをキープ。これは自分を大切にすることでもあり、自己肯定感を育む手助けとなります。**部屋に落ち葉のリースを飾ったり、紅葉の写真を飾る**などしてみましょう。

暑さが落ち着くので、庭の雑草や害虫対策に取り組むのがおすすめ。気温や湿度などが、フローリングのワックスがけにちょうどいい時期です。

秋のお掃除&片づけチェック

- □ 衣替えをする
- □ 湿度が低くなり乾燥するので、カーテンやカーペットなど大物洗いは乾きやすい
- □ 夏に使用したエアコンのフィルター掃除
- □ ベランダ・窓・網戸の掃除(水をたくさん使う掃除はこの時期に行うのが最適)

Winter 冬

スノードームなどで冬の部屋を演出

寒い冬になると、やる気が出なかったり、気分が落ち込みやすくなります。これはウインターブルーともいわれ、日照時間が減って自律神経が乱れ、幸せホルモンの分泌が低下することが一因です。好きなことに気持ちが向かわなかったり、以前のように物事が決断できなくなったと感じたら要注意です。

スノードームなど冬をイメージさせるインテリアで、季節感を大切にした楽しい空間づくりをすると気持ちが上向きになります。クリスマスツリーや正月飾りなど、イベントごとに部屋をしつらえ、見て楽しめば、気持ちは満たされてくるはずです。

冬はインフルエンザ、ノロウイルスなど感染症が流行しますから、洗面所まわり、トイレなどを清潔にキープ！ ドアノブもこまめに拭きましょう。

冬のお掃除＆片づけチェック

- □ 洗面所やトイレの掃除
- □ クローゼットや各種収納スペースなどの掃除
- □ 畳替え
- □ 冷蔵庫の中身を出して掃除
- □ 静電気が発生しやすくほこりがたまりやすいので、こまめに拭き取りを

column

食と自己肯定感3

食事日記をつけて自己肯定感を回復！

仕事で忙しいからとランチを抜いたり、帰りが遅くなりインスタントラーメンですませたり……いろいろな理由をつけて食事をおろそかにしていませんか？

食への意識を高めるためにおすすめなのが、日々食べたものを手帳に書き留めたり、スマホで撮ったりして食事日記をつけることです。一緒に体重や体調などを書き加えてもいいですね。そして、週末に食事日記を見返してみましょう。でもその際に「あー、また食べすぎちゃった……」

「ジャンクフード食べちゃって最悪……」といった自己否定をしないように！　食事日記は、何を食べたのか記録することが目的。書くことで自分の食事のクセに気づいたり、栄養の偏りもわかるので、自然と食事に意識が向くようになります。この積み重ねで自分に合った食習慣がわかるので、それを実践していこうという実行力もつきます。

食への意識を高めることは、自分の体を丁寧に扱うことと同じ。これが自己肯定感の回復に直結するのです。

Part 3

自己肯定感UP！
お悩み解決の
インテリア＆片づけ術

自分の性格、人間関係、お金の悩み……
お悩みの多くは自己肯定感が密接にからんでいます。
インテリアで浮き沈みのある自己肯定感を
回復すれば、お悩み解決のきっかけになります。

Q1

性格のお悩み

思い通りにいかないと周囲にあたっちゃう……こんな自分が嫌です

A

自己肯定感が低くなると、問題に直面した際「自分にはクリアできないのではないか」と心のベクトルをネガティブな方向へ向けてしまいがち。周囲にあたってしまうのはそんな不安の裏返しです。この**ネガティブな気持ちを一掃するために掃除、片づけ、整理整頓のいずれかに取り組んで**みて。デスクの上など狭いスペースからでOK。片づけができた！という小さい達成感の積み重ねで自己肯定感が高まり、どんな状況に遭遇しても「自分ならできる」と思えるようになります。すると周囲にもやさしくなれますよ。

Q2

ちょっと注意されると落ち込んでなかなか立ち直れません

A

レジリエンスという困難を乗り越える力が低下して、ちょっとしたことで心が折れてしまう状態です。この力が低いと自己肯定感もなかなか高まりません。では、どうしたら？　ポジティブ思考で「注意される自分は期待されている」と気持ちを切り替えるのです。部屋の模様替えは気分の切り替えには最適！　今日すぐに取り組めるのが**季節の花を飾ること。さらに玄関マットなどのファブリック類を季節に合わせた素材に変えてみましょう。**

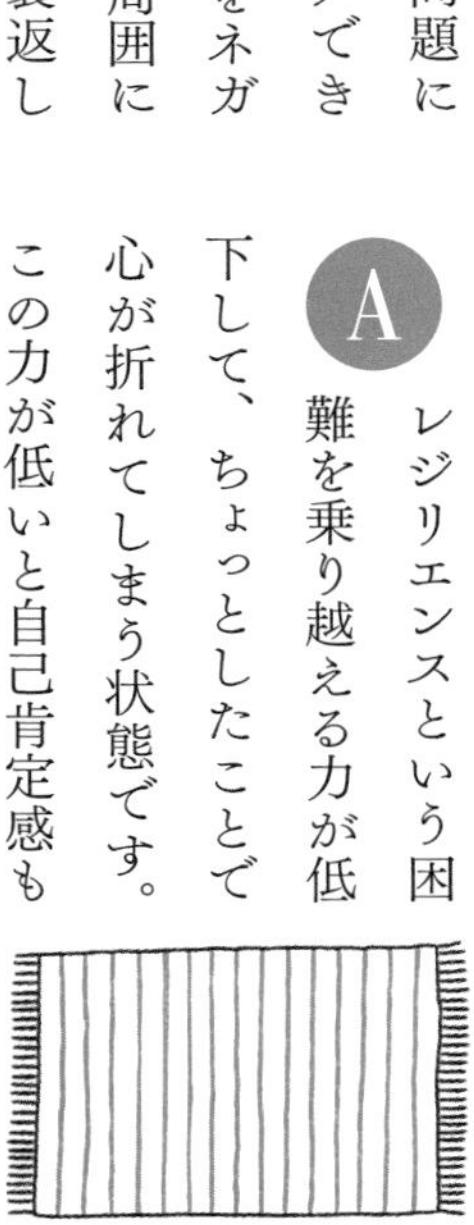

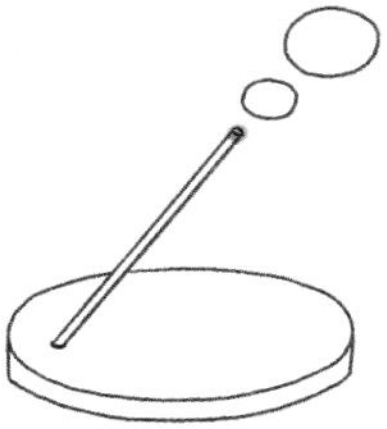

Q3 SNSの返事が来るかどうか気になって仕方がありません

A SNSの返事が来るかどうか気になって仕方がないというのは、自分を見てもらえていないという不安からくるものです。これが続くと、どんどん自己肯定感が低くなっていきます。この不安は自信のなさが根底にあります。**自信を取り戻す1つの方法は、脳にダイレクトに働きかける香り（P106参照）を活用**すること。アロマをおいて好きな香りに包まれることで自信が復活します。自信を取り戻せば、周囲の反応も気にならなくなるので、SNSの返事に一喜一憂することはありません。好きな香水をつけてもいいですね。

Q4 周囲に嫌われたくないから、自分を抑えてしまうのですが……

A これは自尊感情（自尊心）が低くなっている証拠。自尊感情は自己肯定感を根底から支えるもので、この状態が続けば自分を否定するようになります。周囲の批判にも敏感になってコミュニケーションがうまくとれません。まずは自分自身に目を向け大切に扱ってあげて。心身のケアをする**浴室、洗面所、トイレを整え**ましょう。**好きな色のタオルや好きな柄のスリッパを使う**……ちょっとしたことですが、これが自分自身を大切にする一歩です。

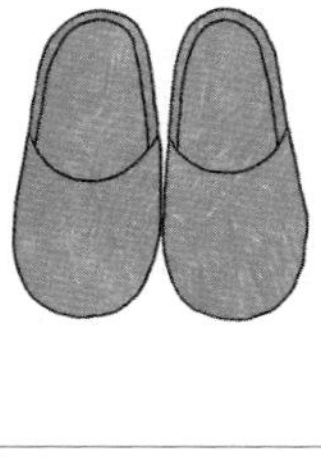

Q5

周囲ばかりを気にして本音が言えません

A 周囲に気を使って、本音が言えない……そんな状態を繰り返していると、自分で何も決められなくなり、本当はどうしたいのかもわからなくなってしまいます。自分の考えをしっかり持ち、自分の本心を客観視することが大切ですね。そんなときは、**気持ちの整理を象徴する棚をきれいに整えましょう**。ほこりがたまっていたらしっかり拭き取って。そして**ブルーの小物入れや花瓶をおく**と、冷静さを取り戻せます。自分の心がはっきり見えてくるので、感情的にならずに気持ちを言葉にしやすくなりますよ。

Q6

プレッシャーに負けない自分になりたい

A プレッシャーに強い人は、何か困難なことに遭遇しても、きっと対応できる、ひとまずトライしてみよう！と思える自己肯定感が高い人です。逆に、プレッシャーに弱い人は、どうしよう、つらい……と不安が先に募って焦ります。同じ出来事でもどうとらえるかで行動は大きく変わります。プレッシャーに押しつぶされないようにするには、**文房具でも家具でもいいので、書斎に興奮や情熱の意味を持つ赤いインテリアを取り入れて**みて。脳が刺激されるので、よいイメージを抱きながら立ち向かっていけます。

Q7 私は何のために生まれてきたのかをふと考えてしまう……

A 寝る時間も惜しまず、忙しい毎日を送っていると、こうした大きな問いは浮かんできません。でも、コロナ禍で外出が制限される中、自分と向き合う時間が長くなることでこうした状況になった人は少なくなかったのではないでしょうか。そんなときは、**地球儀や世界地図**を眺めてみてください。その中の1点にいる自分を感じるのです。すると見えてくる風景が変わります。自分を冷静に見ることができ、自分にできること、できないことが認識でき、今の自分でいいんだ！と思えるようになります。

Q8 いろいろな面で自分と他人を比較してしまう

A SNSを見るたびに何か楽しそうだな、それに比べて私は……とか、友人はブランドのバッグを持っている、それに比べて私は……など。他人と比較することは、それがポジティブな方向でもネガティブな方向でも、幸福度を下げてしまいます。他人との比較にとらわれず自分自身を信じるために鍵となるのが「マイペース」と「自分らしさ」です。**マイペースを象徴する猫やカタツムリの置物**もいいですね。これらの写真や絵、アートでもOK。本書を参考に自分らしさを詰め込んだ部屋に模様替えしても効果ありです！

Q9 大勢の前で話すときや初対面の人の前であがってしまいます

A 周囲からどう思われているかを気にしすぎてしまっていますね。あるがままの自分では受け入れてもらえない、と感じているかもしれません。自己肯定感を高め、今の自分を受け止めることができれば、緊張しても失敗してもいい、と思えるようになります。では、そんな自分になるためにはどうしたら？ **ガーデニングを楽しむことは、心配事から気をそらし気分を向上させるために有効。また、ベランダでお気に入りの椅子に座ってブレイクタイムをとるものいいでしょう。**メンタルをよい方向に導きます。

Q10 理由もないのに心がざわざわして気分がふさぎがち

A 心がざわざわ、もやもやするのは、ちょっとしたことに傷ついたときや、小さな不安を感じたときです。そんなときに大切なのは心を休めるための睡眠です。心が落ち着かないときは、川のせせらぎの自然音など、ゆったりとした単調なリズムの音楽を聴きましょう。こうした音楽は深くゆったりした呼吸を促し、副交感神経を優位にします。ストレスを抑制するホルモンも分泌されて寝つきがよくなるのです。**オルゴールの音もリラックス効果を高める**ので、安眠アイテムとして寝室においてくださいね。

Q11

会社・人間関係のお悩み

オフィスだと緊張してなかなか実力が発揮できません

A

このほか、新しい部署なので緊張してしまう、忙しい職場で同僚との会話も少なめ……こうした会社でのお悩み解消には、仕事の合間にほっとする瞬間を持って本来の自分を取り戻すこと。**オフィスのデスクに自分の好きな物コーナーをつくりましょう。好きな雑貨、家族写真、お気に入りのフィギュアなど何でもＯＫ。**見て心が落ち着く物をおくと安心感が生まれ、今の自分も本当の自分と割り切ってすべきことが見えてきます。手触りのいいものをニギニギするだけでもＯＫ。心地よい刺激が自己肯定感を高めます。

Q12

会社の同僚に嫉妬してばかり。気持ちをコントロールしたい

A

自分のポジティブな面だけでなく、ネガティブな面を認めることができるのも自己肯定感が高い証拠です。嫉妬心が生まれたら「そんな気持ちになることもあるんだ」と、自分をまるごと受け止めること。そしてネガティブな考えに句読点を打つために、心地よい気分に浸りましょう。**ぬいぐるみや枕などふわふわしたものを抱いてみたり、好きな音楽をスマホで聴いたり……**リラックスすると、気持ちに余裕が生まれて自分のよさに目がいき、他人をうらやむことがなくなるはずです。

Q13 ママ友やご近所さんとうまくやっていきたいのですが……

A ママ友やご近所さんと仲良くしなければ嫌われて仲間外れにされてしまう…と思い込んでいませんか。まずは、自分が本当に仲良くしたいのかどうか問い直してみて。そしてAさんとは仲良くしたい、Bさんとは距離をおいて付き合うなど、自分で決めること！　意志決定力をつけるには、毎朝**朝食の用意をするときに洗いたてのキッチンクロスを使うと決めてみて。**一日の始まりである朝に決めたことをすると意志決定力が磨かれます。主体的に物事を決めると自己肯定感がアップ。周囲から嫌われても気にしなくなりますよ。

Q14 初対面の人と話すときに第一印象をよくしたい

A 第一印象というのは何で決まると思いますか？　身だしなみ、服装、髪型……それ以外に内面から醸し出される印象も大きく関係していると思いませんか。心がポジティブだと周囲を明るくしますし、おしゃべりしてみたいなと相手に思わせますよね。自分自身をポジティブな心持ちにして自己肯定感を高めるには、**鏡を見て笑ったり、色の心理効果（P102）を使います。自分を演出したい色を洋服やインテリアに使ってみて。**ポジティブな心持ちでいることは、第一印象を自分でコントロールすることになります。

Q15 苦手な上司だけど頑張ってうまくやっていきたい……

A 上司に気に入られようとして忖度しすぎていないでしょうか。自己肯定感が高い人は上手に距離感を持って相手を眺めることができます。そうすると相手のために何ができるのかが見えてきます。また相手を「こういう上司だ！」と決めつけていませんか。その思い込みは視野を狭くしてしまいます。広く周囲を見る心を養うには、自然に触れ心を柔軟にすること。**観葉植物を部屋に飾ったり、ベランダや庭で植物に触れ**ましょう。相手のよいところを見つけ出せるようになり、上司との人間関係もよくなると思います。

Q16 義理の両親とそりが合わずどうもしっくりいきません

A 家族になったのだからうまく付き合おうと、話を聞いたり、気を使ったりと、努力をされているかもしれませんね。でも大前提として、相手が変わることを期待してはいけません。関係をよい方向に持っていきたいなら、自分の行動を変えていきましょう。すると相手のいい面に気付くなど、心がポジティブな面を探すようになります。**ちょっとでもネガティブな感情がわいてきたら、キッチンや洗面所のシンクの磨き掃除を習慣に**しましょう。その場がみるみるきれいになることで、プラスの感情に変わっていきます。

Q17

人付き合いは少なくずっとひとりかも……と思うと少し怖い！

A

日常の人付き合いに変化がなくちょっと生活がマンネリ化していたり、社会とのつながりが希薄になっていたりしませんか。すると「自分は人の役に立っていない」「誰からも必要とされていない」という気持ちが強くなり孤独に。誰かの役に立っていると感じられると幸福度はアップ。まずは、自分らしさを感じさせてくれるキッチンを整えて自分の魅力を再発見！**好きな色や柄のエプロンをして、誰かのために食事づくりを！**　気持ちが上向いてくると他人のいいところにも気付き、つながりを築くきっかけを教えてくれます。

Q18

会社でのミーティング効率よく進めたい

A

会社のミーティングルームのインテリアに、色の効果を取り入れましょう。活発な議論ができたり、業務効率が上がったりします。自由に意見交換をしたり、新たなアイデアを創造したいというときは**花瓶など部分的にオレンジや赤**などの暖色系、なるべく短時間で意見をまとめたいなら**ソファーやテーブルなどの家具類をグレーや茶色**に、集中力や冷静な判断を必要とする会議なら**カーテンをブルー系の寒色**にしてみましょう。難しいならパソコン画面の背景やメモを取るペンの色などに取り入れてもOK。

Q19 ネガティブなことばかり言う友人に辟易しています

A ネガティブワードばかり聞かされるのは、心地よいものではありませんよね。人間はもともと、人から伝えられたマイナス面の情報に注目したり、強く反応したりする性質があります。ですから、友人からのネガティブな言葉は深く記憶に刻まれるのですね。解決策は相手との距離を上手にとること。そんなときは、コミュニケーションの場である**リビングルームを整えて。そしてぬくもりのある木やまるみのあるデザインでやさしい雰囲気の家具を取り入れて**ください。相手のネガティブワードも減ってきますよ。

Q20 コミュニケーションで雑な言動をとってしまいがちです

A 言動が穏やかで繊細な好印象を周囲に与える……そんなふうになれたらいいですね。実は物を大切にする気持ちを持つ人は、人間関係を良好に保てるんです。物を大切にするとは、物の役目を最大限に引き出すように使うこと。これができると周囲への気遣いもできます。コミュニケーションが変わるので、同時に周囲にもいい人が集まります。こうした好循環を生むためには、**アクセサリーをピカピカに磨いて、アクセサリーボックスにしまうこと**。これを習慣にできれば、気配り上手になれますよ。

Q21 新しいことに遭遇しても一歩が踏み出せません

A 仕事で何か新しいことを始めるとき、なかなか行動が伴わない、先延ばしにしてしまう……ということはありますよね。考えすぎて都合の悪い情報が集まると意欲や向上心が弱くなり、新しい一歩が踏み出せません。石橋を叩きすぎて壊してしまって渡れない！といった感じでしょうか。これには行動する勇気が必要です。それを養うために有効なのが、**日めくりカレンダーを毎日めくると決めて実践する**こと。確実にクリアすることで達成感を得てこれが「やればできる！」と小さな勇気の火種となります。

Q22 職場になじめず転職を繰り返してしまうんです

A 昔起こした仕事でのミスが心に刻まれ、トラウマになっている可能性がありますね。過去の失敗体験は自尊心を傷つけます。同じようなミスをするとそれが思い起こされ、仕事へのモチベーションが下がり転職へ向かわせてしまっているのかもしれません。同時に、できる自分、やり抜く自分のイメージを見失っているのです。そんなときは**肌触りのいいクッションカバーに変えたり、好きなぬいぐるみを抱いたり、毛足の長いラグを敷いて**、肌に心地よい刺激を与えましょう。自尊感情は回復に向かいます。

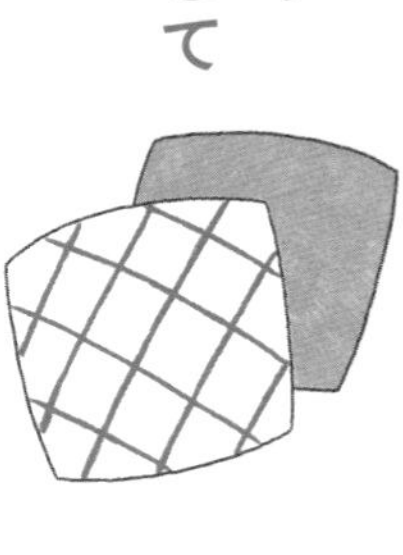

Q23 時々、満員電車に乗るのが嫌になり気が重くなります

A　このほか、苦手な人の顔を見るのが嫌、営業先回りが不得手だな……外出先でちょっとネガティブなことを考えてしまうのは、自己肯定感が低くなっているから。自分の家や部屋は安心を感じる場所。そこから出ると人は無意識のうちに不快な感情になりネガティブ思考に。快から不快、ポジティブからネガティブに変化しにくくするためには、快の気持ちのボトムアップを図ること。出かける前に、夕日、星空、大空など**ポジティブな気分にしてくれる風景写真やポスターなどを見てください**。感情が動く玄関にあると効果的です。

Q24 体力はあるほうですがいつも疲れを感じています

A　相手の気分を損ねないように先回りしたり、相手に合わせて動き回ったり……人のために動くことで疲れてしまっているのかも。そんな人は自分の時間をつくりましょう。その鍵となるのが趣味の場として使う書斎やワークスペース。**好きな風景写真を飾ったり、大好きな人の写真**を見てワクワクしたり……自分を見つめ直すことで元気が出ます。また、**太陽の光を浴びることも**おすすめです。特に朝日にあたると幸福ホルモンのセロトニンが分泌され気持ちが安定し、人間関係をほどほどに処理できるようになります。

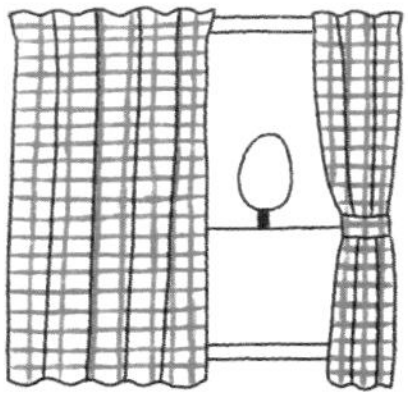

Q25

パートナーの悩み

顔を合わせればケンカばかり……どうしたらいい？

A

コロナ禍でリモートワークを行う人が増えています。パートナーと過ごす時間が長くなって不毛なケンカが増えたという人も。まずはお互い睡眠不足になっていないかをチェック。睡眠不足は脳を疲れさせケンカの引き金になります。整えたいのがベッドまわりです。**シーツ、布団カバー、枕カバーを上質のものに、カーテンも青や緑の落ち着いた色に、インテリアは見ていやされるものをおいて**。仕事や悩みを思い起こさせるものはおかないこと。互いの自己肯定感が高まり、相手を思いやる気持ちが生まれ、ケンカもなくなります。

Q26

パートナーが浮気していないかいつも心配です

A

もしかしたら、心や体が張り詰めた状態が続いているのかもしれません。脳が疲れているので、ちょっとしたことがきっかけで相手に対する不信感や不安感が募ります。二人の関係に対してもネガティブ思考が暴走してしまうのです。それを解消するにはまずは心身をリラックス！　家で過ごす**ルームウエアにこだわってみませんか？　肌触りのいい素材でデザインはゆったりめに**。ウエストがきつめだと自律神経のバランスが崩れやすくなります。安心感に包まれポジティブ思考になるので、浮気の心配も気にならなくなるはず。

Q27 セックスレスを解消して夫婦円満に過ごすには？

A
ストレスが強い生活をしていると、心に余裕がなくなります。相手への気遣いもなくなり、夜の夫婦生活はおざなりに。そんなときは一緒に食事をして心を安定させましょう。**とりたい栄養素は大豆製品などに含まれるトリプトファン**（P36参照）。この成分は脳から出る幸せホルモンの原料となります。また、コミュニケーション不足も原因です。お互いの体や心の状態に目を向けないで暮らしていると、少しずつ距離が出て、ときには嫌悪感も生まれます。お互いのタイプを知り（P22参照）それに合わせた部屋づくりをしましょう。

Q28 恋人が欲しいけど出会いが少なくなかなかできません

A
出会いが少ないのが問題ではなく、自分に自信がなく恋に積極的になれないのかも。パートナーができても自分に自信がないから、言いたいことも言えずに気まずくなり別れへ。そしてさらに自信をなくすという負のループになってしまうのです。自己肯定感を高め、しっかりと自分軸を持ち、自分の魅力を高めていきましょう。そのためには自己表現の場でもあるキッチンを掃除して整えてください。**インテリアには新しく生まれ変わる意味を持つ蝶、自由な心を示す鳥のモチーフや柄**を取り入れましょう。

Q29 パートナーからの愛情を感じられないどうしたら……

A もしかすると、あなた自身が自分を愛していないのかもしれません。まずは相手に何かを求めるよりも、自分自身を大切に扱いましょう。寝室や浴室などをきれいにして、心身をいやす空間を整えたいですね。**寝室には、やさしい光のテーブルライトをおき、まるいデザインや曲線のあるチェストやテーブルがおすすめ。**やわらかい印象を与え心地よさをもたらします。自分を大切にすると自尊心が高まり、相手を見る心の余裕が生まれます。相手のさりげないやさしさにも気付けるようになり、愛情を感じるようになります。

Q30 恋人と別れて以来、何をしても気分が上がらず集中できません

A こうした状態は、自己肯定感の上下動と深く関わっています。心身の不調をそのまま放置すると、負のループに陥ってしまいます。私たちは1日に約6万回の思考をしていますが、実はそのうちの約8割はネガティブ思考です。人はもともとネガティブな思考に陥るもの。負のループから脱して気持ちを新たにして次の恋に向かうためには、自分を俯瞰して見られる力をつけましょう。そのためには、**気持ちを切り替える場・玄関のインテリアを整えること。**スリッパ、**玄関マットを暖色系に**変えると効果的です。

Q31 会話がワンパターン。マンネリな関係を解消したい！

A この方は相手が嫌いになったわけではなく、二人の関係において新鮮さやドキドキ感を取り戻したいということなのでしょう。マンネリ化すると脳の元気がなくなり、自己肯定感を低めます。これを打破するには、脳に刺激を与え活性化させることです。そこでおすすめなのが、**長時間過ごすリビングに観葉植物をおく**こと。植物の香り成分には気分をリフレッシュしてくれる働きもあります。緑には新鮮や調和、新しいことを始めるという心理的な意味があります。新しいインテリアで心が華やぎ、マンネリ感が軽減されます。

Q32 付き合ってもいつも短期間でジエンド長続きさせたい

A 「自分でいいのかな」「相手にふさわしいかな」と思っていませんか。これは自尊感情が低くなっているサインです。そんな気持ちになったら、**カーテン、ラグ、クッションカバー、ベッドカバーなどを変えて気分転換を**。ファブリックは面積が大きいので視覚に与える影響は大きく、心の視点を移動させるのに効果的。自分を見る視点が変わり長所を認めることができたり、自分のイケてる部分に目がいき、自分を高く評価できるように。物の見方が変わることで、人との付き合い方も変わり、二人の仲も長続きするかもしれません。

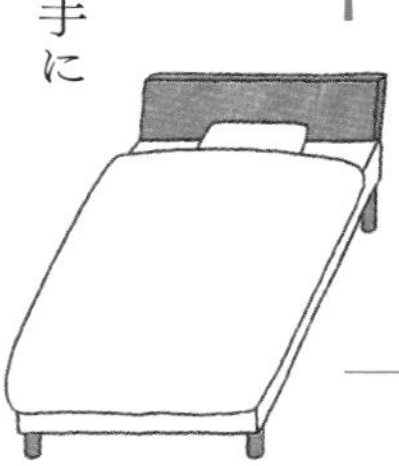

Q33

お金の悩み

贅沢はしていないのに お金がなかなか たまらない……

A

お金がたまらない……実はこれも自己肯定感と関係します！「自分はきっとうまくできる」「自分には能力がある」というセルフイメージを持てないとお金はたまりません。たとえば仕事で大きなチャンスがめぐってきても、「自分には無理」と可能性を閉ざしてしまうのです。ここで成功するイメージを持てる人がお金のたまる人です。そんなメンタルが欲しいなら、**よく目にする場所に想像や希望の象徴である星モチーフの小物、富の象徴であるお城の写真を飾りましょう**。ポジティブなイマジネーションが膨らみます。

Q34

なぜかいつも無駄遣い 浪費癖って直すことは できるのでしょうか

A

いつも無駄遣いをしてしまい、いつの間にかお金がなくなって……自己肯定感が低くなると、計画性がなくなり場当たり的な行動になります。コスパやタイパを考えて買い物ができなくなるのです。計画を立てることを習慣化していきましょう。プラン立てに慣れるには、**154ページの自己肯定感UPインテリア4マトリクスを使って部屋の模様替えをすること**です。ちょっとハードルが高いというなら、たとえば毎朝起きたときに窓を開けると決め、できた日はカレンダーに○をつける。これで計画力が高まりますよ。

Q35 家計のやりくりが苦手です。上手になりたい

A やりくり上手になりたいのはなぜ？　それは今も将来も幸せでいるために必要なことだからですよね。自己肯定感が低くなると、それを忘れてしまうのです。人生を幸せに生きるためには、自分らしくあることではないでしょうか。自分らしさや自分の存在価値を象徴するのが椅子です。**好きなデザインの椅子や肌触りのソファー**に座って時間を過ごしましょう。自分らしさに気付くには、自分の好きを知るということ。あなたの好きなインテリアを多用して、心地よい暮らしの中で、自分らしさを取り戻してください。

Q36 財テク上手になってコツコツ資産を増やしていきたい

A 投資は貯金ではなく、資金を運用して増やすこと。自分の未来を予測して投資先を見極める力が必要です。でも、自己肯定感のコンディションが乱れた状態だとネガティブ思考になって、先を見通す気力がなくなります。まずは心のゆれをなくすようにしたいですね。**玄関をきれいにすると心が安定しますし、明るい色の生花を飾って気持ちを上向きに**。また、**お財布の中を整理整頓**してください。お財布の乱れにはゆれ動く心が反映されます。生活に欠かせないお金を守るお財布がきれいになると心が安定して財テク上手に。

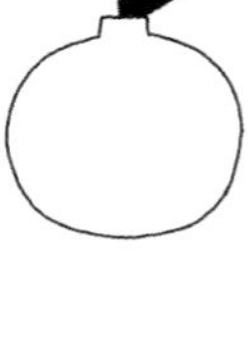

Q37

家族・暮らしのお悩み

子どもとの会話が激減 コミュニケーションを取り戻したい！

A 子どもは家族との会話が多いほど自己肯定感は高くなります。とはいえ、一方的に話してもダメですよ。インテリアの形やモチーフには心に与える意味があり、それらを活用して自然なコミュニケーションがとれる空間づくりを。使いたいのは、絆を意味するりぼんのモチーフです。家族みんなが出入りする**玄関に、ガラスの花瓶にりぼんを巻いたり、りぼん模様の玄関マットを敷いたり。また、りぼんそのものを玄関の内扉に飾っても**いいですね。普段と違う環境に心が刺激され、家族との時間を大切に思えるように。

Q38

ちょっとしたことで子どもをしかり過ぎてしまう

A もしかしたら疲れているのかもしれません。体がヘトヘトだとネガティブ思考から感情的になります。イライラが募りそれが子どもや家族に向かうのです。こんなときは心の休養をとることが自己肯定感を保つ上でも大切。**一度深呼吸して落ち着く時間をつくりましょう。肌触りのよいクッションやビーズクッションなどに、身をゆだねてみてください。ふかふかの枕**にしても、ちょっとした安心感に包まれるはず。子どもをしかった自分を責めるのではなく、自分の時間を持てなかった自分をいやしてあげて。

Q39 子どものお受験に熱が入りすぎてつい感情的になってしまう……

A つい熱が入ってしかったり、勉強に取り組まない子どもにイライラさせられたり。こうなるのは子どもを信じられなくなっているから。自分に不安や焦りを感じているのかもしれません。そしてそれがストレスとなってイライラ→子どもをしかる……そんな負のループに入ってしまうのです。大切なのは、子どもとのコミュニケーションです。**好きなコップやカップに温かいドリンクを入れて**一緒にひと休み。お互いの心が通い、温かい雰囲気になり会話も弾むはず。プラス思考になり自分に対する信頼を取り戻せます。

Q40 今まで楽しかった料理が面倒になって栄養が偏りがち

A 自炊するのは自分自身を丁寧に扱う行為です。自分のために時間や労力をかけてつくりたい料理を完成させる、つまり望みを叶えることなので、自信も生まれます。自己肯定感が低下すると自分を雑に扱うようになり、料理をするのが面倒に感じます。そんなときは、デパ地下に出かけ総菜を買ったり、冷凍食品を使うなどして気分転換を。また**食器にこだわって明るい色や柄の食器を使って**食欲を刺激したり、**食卓に生花を飾って**特別感を出したり……。食べることが楽しくなる演出をしてみましょう。

Q41

物があふれて部屋がいつも散らかっている

A

部屋を片づけるには、必要な物、不必要な物を決める作業が必要です。

片づけがルーティンになっている人は、その都度、自己決定をしているもの。人生を自分でコントロールできている実感があるので自己肯定感が高いのです。逆に、いつも部屋が散らかっている人は自己決定力が低下気味。そんなときは**自分の感覚で選んだ好きなアート作品を部屋に飾って**みて。脳が活性化され、今何をすべきかが明確になります。実行力が高まって自己肯定感もアップ。一日の中で片づけをする時間を決めて実践するのも効果的ですよ。

Q42

仕事と家庭を両立させるのが苦手どうしたら……

A

仕事と家庭の両立には時間管理が大切ですが、無謀な時間管理をしていませんか。実はこれ、自己肯定感を下げる要因なんです。なぜならスケジュール通りにできなかったら自分を責めてしまうから。できなくても「まっ、いっか」と自分を許すようにしたいですね。そのためには、心の柔軟性を養うことが必要です。**観葉植物、グリーンのラグなど緑色のインテリア**を目につくところにおきましょう。緑色には心に余裕をもたせる心理的効果があります。ガーデニングをしたり、庭で植物や花に触れるのもいいですね。

Q43 やらなきゃと思っているけど掃除ができない

A 自己肯定感が下がると、完璧にやろうと思っているからこそ、やらないという選択を取りがちです。たとえば掃除。部屋がごちゃごちゃで片づけないといけないと思っているのにできない、なかなか行動に移せず先延ばしにしてしまう……

そんなときは、**「途中で終わってもＯＫ」「テーブルの上だけきれいにする」「１つの引き出しの中だけ整理整頓」と小さい目標を立ててトライ**。きれいになったのが目に見えてわかると達成感を得やすいのです。完璧でなくても、できる自分！と実感でき、掃除も難なくこなせるように。

Q44 パートナーと子育ての意見が合わないんです

A 子育ての主役はお子さん自身です。親の意見の違いをとやかく言う前に、お子さんの部屋の環境を見直してみて。自分たちがいいと思う部屋の環境を子どもに押し付けていないでしょうか。本書で扱った4つのタイプは、お子さんにもあてはまります。**お子さんのタイプに合わせたインテリアを一緒に楽しみながら揃えて**いきましょう。集中して勉強に取り組め、整理整頓がしやすいスペースで過ごすことで、お子さんの表情も生き生きとしたものになるはず。二人の意見の食い違いはそれほど重要なことではありません。

Q45
健康・美容のお悩み

何度ダイエットをしてもリバウンドしてしまいます……

A きれいでいたい、健康になりたい、ということ。ダイエットを始めるのはとてもいいこと。でも、リバウンドを繰り返すのは自己肯定感が下がっているサイン。「きれいになる」から「やせる」に目的がすり替わり、やせられない→ダメな自分→リバウンドというループに。こんなときは心をリセット！ **家の中の超プライベートな空間・トイレで、真っ白なタオルやスリッパを使ったり、好きな芳香剤をおいたり**。白い物に囲まれると心が落ち着き、自分と素直に向き合えるようになり、何のためのダイエットかが明確になり楽しく取り組めるように。

Q46

禁煙しても挫折たばこがなかなかやめられません

A たばこがないと落ち着かない、「吸いたい」という欲求に打ち勝てない、禁煙してもいつも失敗……こうした経験を繰り返すと、禁煙できないダメな自分と思い込むようになり、自己肯定感を下げてしまうのです。1日だけでもたばこを手にしなかったなら、まずはそんな自分をほめて認めることから。それがなかなかできないという人は、**一日の終わりにどんなに小さなことでもいいのでよかったこと、うれしかったことを3つ書き出す習慣**を実践。こんなプラス思考習慣が、たばこをやめられる自分をつくることになるのです。

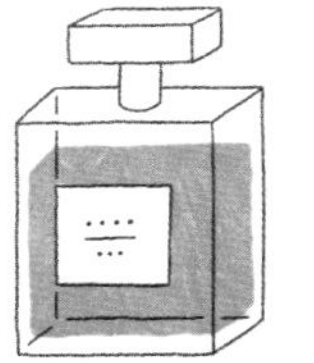

Q47 あと1杯だけとついお酒を飲みすぎてしまう

A 飲酒は限度を超えれば体に悪い影響を与えます。無茶な飲酒は自分を傷つけているようなものです。もしかしたら、今の自分が嫌いなのかもしれません。嫌悪感がストレスになるとコルチゾールが分泌され、脳は停滞しどんどん元気がなくなります。朝起きても、ネガティブなことしか頭に浮かびません。**そんなときは好きな香水やオーデコロンをつけて**脳に刺激を与えて。今日一日を楽しもうという気分で過ごせば、自分に満足して飲みすぎも少なくなりそう。朝、**洗面所を磨く**ことも気分転換になり自己肯定感が回復します。

Q48 甘い物がやめられずコロナ太りがなかなか解消できない

A コロナ太りが解消できずに困っている、そんな声をよく聞きます。先が見えない中、未来の自分に不安を感じた人は多かったはず。そんなとき、人は自分の心を満たそうとポジティブなことを探します。ひとつが甘い物を食べること。人との交流が減り誰かの役に立っているという実感がなくなったのも、心が満たされなかった要因です。コロナ太りが解消されないなら、心がポジティブになるように、たとえば**好きなエプロンをつけ、食器を洗いながら好きな歌をハミング**！ 心がニュートラルになり甘い物への執着が減りますよ。

Q49
更年期症状で体調がすぐれない 心も沈みがちです

A ホルモンバランスが崩れる更年期は自律神経のバランスも崩れイライラすることが多くなります。感情の起伏が大きくなり、心の摩耗も激しくなり自己肯定感は低下しがちに。心身をケアする場であるバスルームや洗面所で、**一日の終わりに「頑張ったね」と声に出して自分をほめてあげましょう。好きなアロマキャンドル**も元気が出て心が安定します。これをルーティン化していくとプラスの感情が生まれ、幸せホルモンのセロトニンが分泌され、心が落ち着きます。更年期の症状が気にならなくなるかも。

Q50
慢性的な肩こりに悩まされています どうしたら？

A 仕事、人間関係で緊張することが多い毎日を過ごしていると、肩や首に力が入りこりの原因になります。気が付くと奥歯をかみしめているという人も、力が入っている証拠です。頑張り屋さんにも多く見られることですね。不調が続くと自己肯定感が低下します。自信がなくなり、それがまたストレスを生むという負のループに。体のこりは心のこりにつながります。**玄関の掃除をしたり、靴を磨いたり**、無心になって手を動かすと緊張がほぐれます。血行がよくなりこりも軽減。心が柔軟になり自己肯定感の回復につながります。

Part 4

ポジティブ脳をつくる暮らしの習慣

インテリアだけでなく、毎日の生活習慣を変えるだけでも自己肯定感を高めることができます。

どれも簡単にできることです。

朝、昼、夜の習慣、今日から始めてみませんか。

習慣化する力は誰もが持っている！
小さな習慣の積み重ねで自己肯定感アップ

パート1とパート2では、自己肯定感を高める具体的なインテリア術について、パート3ではさまざまなお悩み解決のきっかけづくりとしてインテリアを活用する方法を解説してきました。本パートでは、暮らしの中での習慣と自己肯定感の関係を見ていきます。

習慣と自己肯定感——この2つは密接に関係しています。たとえば、やせると決めてウォーキングを始めたものの三日坊主で終わってしまった。習慣化できなかったとき、あなたはちょっとした自己嫌悪に陥りますよね。これは自己肯定感が深く落ち込んだ状態です。そしてさらに自分を責め続け「ダメな自分だなあ」と自己肯定感はダウン。

では逆に、ウォーキングの習慣化に成功した場合はどうでしょうか。「できた、うれしい！自分はすごい！」と自信がつくはず。さらに継続することで体重が減り「やったあ！」という達成感を得て、さらに自己肯定感が高まるという好循環に。このように**習慣化と自己肯定感は、ネガティブにもポジティブにも強く影響し合う**、ということを知ってください。

全国にいる私のクライアントさんたちのほとんどが「習慣化は大事、でも実行できない」という悩みを持っています。みなさんはどうでしょうか。何かをやりとげようと目標に向かい「やろう！」と決めたとします。目標達成には行動が必要ですが、実は人間の行動の半数近くが、習慣になっていることを繰り返しているだけなんです。

では、どうしたら？　目標に向かってコツコツと続ける力を養うしかありません。小さなことでいいので、新しいことを習慣化するということです。**毎日小さな習慣を実践して積み重ねていけば、「できた！」という肯定的な言葉を何度も自分が聞くことに**なりますよね。そうすると自分を信じることができるようになり、物事をポジティブにとらえるようになります。心理学や脳科学の研究で、**自分で決めた日課やルーティンがあることで、無駄な思考や感情のぶれ、決断することによる疲労が減少、大切なことに意識を向けられる**ということが判明しています。そして結果的に**「意識的に実行する」から何も考えず自然と行動できるようになる「自動的な習慣」に**なっていきます。

次ページから、あなたによい影響を与えてくれる一日の習慣を紹介しています。朝はストレスホルモンのコルチゾールの値が高くなるので、自己肯定感が低くなりがち。ですから、朝の行動の習慣化が成功すれば一日を気分よく過ごせるので、新習慣にチャレンジするなら朝が最適。もちろん朝の習慣でなくても、できそうな習慣からトライしてＯＫです。

朝の習慣

朝起きたらカーテンと窓を開けて太陽の光を浴びる

起きたらすぐに、カーテンを開けて窓を全開にする——これは季節を問わず行っている、私の朝イチの習慣です。部屋の空気を全部入れ替えてゆっくりと深呼吸。脳に新鮮な酸素が送り込まれるので、頭がクリアになり、背すじも伸びて体も心もシャキッ！　カーテンを開けるときは、ばーっと勢いよく開けましょう。このアクションが一日の始まりの合図となり、自分が主体となって今日一日を歩み出すという感覚を呼び起こしてくれます。さあ、今日も頑張るぞ！という気持ちにさせてくれ、自分を励ます気持ちも生まれてくるのです。

太陽の光をたっぷり浴びることも大切（曇りでもやってくださいね）。これにより幸福ホルモンのセロトニンがたくさんつくられ、すがすがしい気分になります。朝に目が覚め、夜に眠くなるといったように私たちの体には一定のリズムがあり、これを刻んでいるのが体内時計。セロトニンはこの体内時計を正常に動かします。睡眠の質もよくなるので、朝の日光浴タイムは大切にしてください。

朝の散歩もセロトニンを活性化するのでおすすめ！　ポイントは疲れない程度にリズムよく歩くこと。自律神経の働きも整うので一石二鳥！

セロトニンは「かむ」行為によっても増やすことができます。朝ごはんはしっかりかんで食べましょう。ちなみに、ガムをかむことも有効。

朝の習慣

朝、洗顔しながら「今日一日うまくいく！」と自分に声かけ

朝起きて洗面所で顔を洗うとき、とにかくパパッとすませて、鏡を見さえしない人も多いのでは。それではもったいない！

起床後すぐの洗顔タイムは、一日の自分の感情をコントロールするのに適しています。朝はストレスホルモンのコルチゾールの値が一日の中で一番高いので、そもそもイライラ、もやもやしがち。これを解消するためには、洗顔時に鏡の自分に向かって「今日一日うまくいく！」などのポジティブな言葉をかけましょう。

ポジティブワードで自分を幸せにする――これを心理学用語でアファメーションといいます。また、楽しいことを思い浮かべたり、成功した経験を思い返したりするのもいいですね。アメリカの大学が行った研究により、朝起きた後1分間、過去のポジティブな記憶を思い出すだけで、ストレスによって分泌されるコルチゾールというホルモンの値が減少することがわかっています。

朝のマイナス思考は百害あって一利なし！です。

顔を洗ったら、ふかふかのタオルで顔を拭きましょう。肌触りのよい物を触ると、幸せホルモンの「オキシトシン」が生成されストレスが軽減、心に安心感がもたらされます。

朝起きたら、息を吐きながら ぐーっと背伸びをする

目覚めたら、30秒ほど布団の中でぐーっと背伸びをしてみましょう。息は止めずに、少しずつ吐きながら行うとさらにぐーっと体が伸びます。たったこれだけのアクションで感情が「快」の状態にスイッチオン！　これは、寝ているときに圧迫されていた血管が、伸びをすることで刺激を受け血流がよくなるから。血液を通して酸素が体中に行き渡るので、体がポカポカ温まってきます。ストレスホルモンのコルチゾール値も下がることがわかっています。

また、同じように布団の中でできる運動としては腹式呼吸も効果的です。鼻からゆっくり息を吸い、口からゆっくり息を吐きます。心がフラットになり穏やかな気持ちで朝を過ごすことができるはずです。

さらに、血行をよくするために、白湯を飲むのも有効です。全身のめぐりがよくなり、内臓の働きをよくします。飲むときはお気に入りのカップを使って。好きな物を目にするだけでポジティブ思考になり自己肯定感もアップします。

食器洗いをするときは好きな歌を口ずさむ

食器洗いはいやしの時間になる！　そんな研究結果があります。食器洗いを含め、掃除や洗濯といった家事の中の単純な反復作業は、マインドフルネスの役割を果たすというのです。マインドフルネスとは、目の前のことに集中する心の状態を指し、ストレスの軽減、集中力アップ、自律神経を整える効果があります。

「会社で上司とうまくやっていけるかなあ……」「貯金もなくこれからどうしよう……」「あのとき失敗しちゃったなあ。同じミスをまた繰り返しそう……」などなど、過去の失敗や未来の不安にとらわれ〝心ここにあらずの状態〟が不安やストレスを生み出しているのです。ここから抜け出し、心をニュートラルにする方法が〝今ここに集中する〟ことです。

家事は漫然とやらずしっかりやる！と心に決めて始めると、メンタル的によい効果があり、幸福感や満足感にもつながるのです。好きな歌を歌いながらでも、ハミングでもいいので、リラックスして家事に取り組むと効果が高まります。

砂遊びには緊張した心を和ませ、ストレスを解消してくれる働きがあります。マインドフルネスな状態にしてくれるのです。子どもと公園に行ったり、海に行ったりしたときは砂遊びをしてみて！

リモートデイはメリハリあるスケジュールを用意する

私は一般の方を対象にカウンセリングを行い、講座を開催していますが、リモートワークが急速に広まる中で「誰とも話さないで一日が過ぎる」「オンとオフの切り替えがなくなった」「一日中仕事に追われている感じで気が休まらない」という声をよく聞くようになりました。相談できる相手も、愚痴を聞いてくれる相手もいない……ひとりで落ち込んでしまうという人もいるのではないでしょうか。

こんな状況に陥らないためにおすすめなのが、箇条書きでTODOリストをつくること。午前中と午後の仕事の区切りはしっかりつけ、ランチタイムやおやつの時間もとり、そのときはおいしい物を用意してゆっくりリラックスする！　仕事の合間に少し体を動かしたりリフレッシュタイムを挟むのも肝心。このようにメリハリのあるルーティンでメンタルが安定、ストレスコントロール力が上がります。習慣化することやルーティンワークを家族や同僚に公言するとさらに効果的！　こうした積み重ねが、ひとりで仕事をするあなたの心を強くします。

長時間のデスクワークで疲れたときは、おでこを5本指で1秒ごとにトントンと軽く叩いてみて。このリズムで気持ちが切り替わり脳がフレッシュ。ストレスがリセットされます。

昼の習慣

ウォーキングを取り入れる

ウォーキングは体だけでなくメンタルヘルスにも有効です。私は以前、クライアントさんと歩きながらのカウンセリングを行っていたのですが、ゆっくり歩きながら話していると、クライアントさんの気持ちがほぐれ、すっきりした表情を見せてくれるようになったことがあります。ウォーキングは心に働きかけるんだと、歩くことの効果を実感した経験です。歩きながら考え事をすると、今まで思いつかなかったアイデアが浮かんできたりするものです。

現在、脳神経科学の研究でもウォーキングの優れた効果がいくつも明らかになっています。たとえば、自然の中を90分歩くとうつに関連する脳の部位の活動が抑制される、15分以上のウォーキングは、セロトニンなどの幸せホルモンの分泌を促す効果がある……など。歩くことで、心がリフレッシュ。物事をクリアに考えられるようになり自己肯定感の回復を促します。

職場仕事やリモートワークの合間に気分転換としてウォーキングを実践！　日常生活に習慣として取り入れることで、心の免疫力を強化しましょう。

失敗の後、やる気がないときは散歩がおすすめ。日頃からよく歩く人のほうが、平均で60%も思考能力が↗。自然にやる気が戻ってきます。

夜の習慣

仕事が終わったら ぼーっとする時間を持つ

そんな時間はもったいない、と思っているなら考えを改めましょう。ぼーっとすることで、感情が整理でき心も安定し、クリエイティブな仕事もよりはかどります。脳神経科学の研究では、従来、ぼーっとする時間は脳の休息タイムと考えられていました。しかし、このとき脳の「デフォルト・モード・ネットワーク」（DMN）が動き出し、仕事や勉強のときに活発になる部位ではない別の場所の血流がアップ。脳が脳内の情報、思い、感情を整理するモードに入ることが研究でわかったのです。これを「マインドワンダリング」といいます。すると脳は平常時の15倍は働き、アイデアも浮かびやすくなるそう。

仕事後は、カフェに寄るなどして積極的にぼーっとする時間を持ちましょう。

仕事後でなくても、集中力を回復するためには、やはり脳を休ませることは必要です。集中力の持続する時間は90分。最大でも120分です。集中して取り組みたいのにうまくいかないときは、働きすぎの脳を休めてくださいね。

オンとオフの切り替えがスムーズにできないときは、仕事をひと区切りしたらカフェでドリンクを買ってくるのを習慣に。これが、仕事中の外向きの自分はここまで、ここからのブレイクタイムは内向きの自分に、という切り替えスイッチとなり、心が安定します。

翌日に着る洋服を決めておく

着る洋服のコーディネイトがスパッと決まるのは、「自分はできる！」という思いがあり、自己肯定感が高いときです。逆にクローゼットにたくさんの洋服があるにもかかわらず、どれにしようか迷ってなかなか決まらないのは、自己肯定感が下がっているサイン。自分への自信がゆらいでいるために、どれを着たらいいのかわからなくなっている状態です。そんなときは「こんなことも決められない、嫌だな」と思わず、「今は自己肯定感が低いとき」と現状を認め、自分を許してあげましょう。そして、前夜に明日着る洋服を決めておくことです。

自己肯定感が高いときでも、翌日の洋服を決めておくことは決断力を磨くことになりますし、朝に無駄に悩む時間が減り、自己肯定感がより高まります。

米国アップル社の共同創業者スティーブ・ジョブズ氏は公的な場での洋服はいつも同じでした。それからもわかるように、毎日の洋服選びはメンタルに大きな負荷がかかるものなんですね。可能ならクローゼットに7本のハンガーをかけ、1週間分の洋服を用意するのもいいですね。

夜、家で過ごすときは心地よいルームウエアにこだわると安心感を得られます。締め付けなどがなく動きやすい、肌にやさしく気持ちいい、着たときの温度感が心地いい、こうした点にこだわって選ぶのがポイントです。

夜の習慣

夜、頑張ったねと声に出して自分に伝える

日本人は自分をほめるのが苦手といわれています。みなさんはどうですか？

自分をほめるということは「今の自分でいいんだ！」と自分を肯定することでもあります。自分をほめるとプラスの感情が生まれ、潜在意識にポジティブに働きかける効果があります。たとえば、幸せホルモンのセロトニンやドーパミンが分泌され、心が安定して元気になります。また、自分と他人を比較することがなくなり、自分らしく生きられるようにもなるんです。自分に自信がつくので他人を認めることができ、対人関係も良好に！といいことずくめ。

では、どのように自分をほめればいいのか。ルールは3つ。①声に出して自分をほめる。②小さなことでもできたことはほめる。③一日の中で決まった時間に自分をほめる。です。

一日の終わりに「今日も一日よく頑張った！　えらい！」と自分に伝えることをルーティンにしましょう。

過去の自分を思い出し、それと比べてできたことを何でもいいからほめる！　これを繰り返すことで自信がつきます。

会社の仲間でも家族でも友人でも、身近な人を応援してあげて。誰かの力になれると再認識することで自分の自信が増します。

夜の習慣

一日の終わりによかったことを3つ書く

自己肯定感を高くキープするためには、日常的にプラスに考える習慣をつけておくことが大事！　できればそうしたいけど……なかなかできないというのが実情かもしれませんね。

そこで毎日、よかったこと、楽しいと感じたこと、うれしかったことを手帳などに3つ書き出してみてください。これは臨床心理分野で行われる「スリーグッドシングズ」という心のトレーニングです。もちろん、スマホのメモ機能やSNSに投稿するのでもいいですね。続けるうちに、何かいいことあるかな、楽しく過ごせるといいなど、心が少し弾むのを感じるはず。

これを3週間続けると、脳はいいことを勝手に探すようになるから不思議です。ポジティブな感情を持ち続けることができれば、直感力がとぎすまされます。チャンスに近づく機会が増えて幸福を引き寄せやすくなりますし、眠っている自分の可能性に気付くことができるようになります。

うれしいこと、いいことを付箋に書いてノートにペタペタ貼り、ハッピーノートをつくります。このノートを時々見返すことで、いいことがいっぱい起こる自分に気付くはずです。

自己肯定感UPインテリア4マトリクス活用術

ここまでお読みいただき、住まいの環境がいかに自己肯定感に強い影響を与えているかおわかりいただけたと思います。そして部屋づくりや模様替え、あるいは掃除や片づけそのものも自己肯定感に影響するため、楽しく行っていただきたいと思うのです。そのためには、目的やテーマを設定して取り組むことをおすすめします！

実は、自己肯定感の低い人は目的意識が低め。インテリアは何となく変えている、掃除や片づけはしなさいと言われるからやっている、年末だからやっている……といった具合です。

明確な目的があったほうがやる気が出ますし、取り組む意欲がわいてきます。自己肯定感もより高まります。目的やテーマを決め、楽しくインテリア替えするには左ページの「自己肯定感UPインテリア4マトリクス」を参考にしてください。このマトリクスはインテリアを4つのタイプに分けて可視化したものです。すぐには変えられない物、手軽に交換可能な物がわかるので、計画を立てるときの参考になります。P154には、このマトリクスのつくり方&活用法を解説しているのでぜひ使ってみてください。

自己肯定感UPインテリア4マトリクス

比較的長く使う物、四季ごとに変える物
（じっくり考えて決めたい）

食器、カレンダー、玄関マット、キートレイ、カップ、ボトル類、鏡など

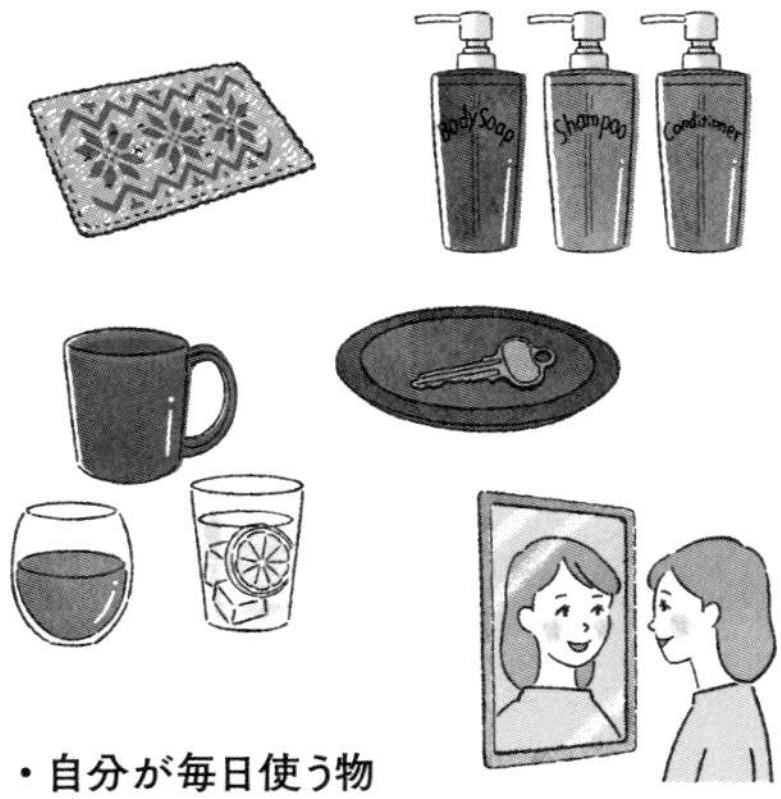

カーテン、壁紙、家具類、飾りもの、オブジェ、調味料入れ、クッション、ソファーなど

・**自分が毎日使う物**
・**自分への声かけに使う物**

・**面積が大きい物**
・**スペースを大きくとる物**
・**五感（特に視覚や嗅覚）に訴える物**

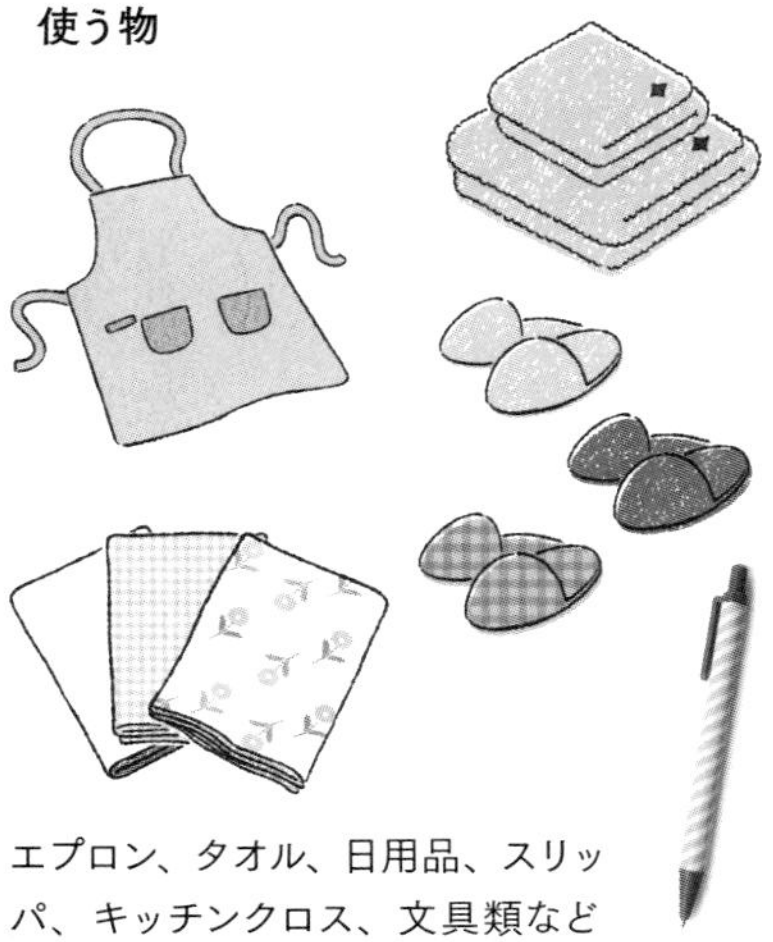

エプロン、タオル、日用品、スリッパ、キッチンクロス、文具類など

生花、アロマ、アロマキャンドル、入浴剤、ミニ植物など

日用品や消耗品、交換しやすい物
（手軽に交換可能なので気分で変えることが可能）

「自己肯定感UPインテリア4マトリクス」のつくり方＆活用法

❶ 目的を決める

たとえば、「リビングを春のインテリアに変える」「寝室の模様替えをする」「玄関のインテリアを変える」など、目的を明確にしましょう。家全体の模様替えでも、リビングだけ、寝室だけでもOK。決まったら記入します。

↓

❷ テーマを決める

「ホームパーティーをたくさん開きたいので華やかにしたい」「新生活が始まるのでポジティブに生きたい！　そんな気持ちがわくリビングにしたい」など、何でもOK。テーマを決めましょう。

↓

❸ 思考メモ

②のテーマを決めるにあたって考えたこと、こうしたいという希望などをメモしておきましょう。今思いつかなくても、あとで記入してもOKです。

↓

❹ 開始日と完了日 ❺

開始日は自己肯定感UPインテリア4マトリクスを記入した日でもいいですし、実際に目的に向けてアクションした日でもかまいません。完了日はインテリア替えが終わった日。書くことで決意を心に刻みます。記入しなくてもOK。

↓

❻ あなたのタイプ

自分が4タイプのうちどれかを記入します。P22～23を参考にしてチェックしてください。

↓

❼ 4つの窓インテリアシートをつくる

P153を参考にして、どのアイテムを変えるのか、どのような物に変えていくかを自分で考えて記入しマトリクスを完成させます。たとえば、あなたが行動情熱タイプなら、P46のリビングルームづくりは参考になります。あるいはそれにとらわれなくてもOK。文字だけでなく、おきたいインテリアの写真を貼ってもいいですね。春っぽく花柄のカーテンがいいな、スリッパはサンダル風がいい、白い花瓶に生花を飾るなど、部屋を想像しながらつくり上げていきましょう。

↓

実践！

自己肯定感UPインテリア4マトリクスを実践します。週に1つずつインテリアを変えていっても、一度に変えてもかまいません。自己肯定感UPインテリア4マトリクスに描いた目的に向かって少しずつアクションを起こしていきましょう。

1 **目的：** リビングを春のインテリアに変える

2 **テーマ：** ポジティブな気持ちがわくリビングにする！

3 **【思考メモ】**

花が好きだから飾りたい！
見て元気になるカラーを取り入れる！

4 **開始日：** 2024年2月3日

5 **完了日：** 2024年4月30日

6 **あなたのタイプ：** 行動情熱タイプ

7 **4つの窓インテリアシートをつくる**

比較的長く使う物、四季ごとに変える物
（じっくり考えて決めたい）

・面積が大きい物
・スペースを大きくとる物
・五感（特に視覚や嗅覚）に訴える物

・自分が毎日使う物
・自分への声かけに使う物

白い花瓶に生花を飾る

日用品や消耗品、交換しやすい物
（手軽に交換可能なので気分で変えることが可能）

【自分のプランを記入してみよう】

目的：

テーマ：

【思考メモ】

開始日：　　　年　　月　　日

完了日：　　　年　　月　　日

あなたの**タイプ**：

タイプ

自己肯定感UPインテリア4マトリクス

比較的長く使う物、四季ごとに変える物
（じっくり考えて決めたい）

・自分が毎日使う物
・自分への声かけに使う物

・面積が大きい物
・スペースを大きくとる物
・五感（特に視覚や嗅覚）に訴える物

日用品や消耗品、交換しやすい物
（手軽に交換可能なので気分で変えることが可能）

【コピーしてご使用ください】

目的：

テーマ：

【思考メモ】

開始日：　　　年　　月　　日

完了日：　　　年　　月　　日

あなたのタイプ：

タイプ

自己肯定感UPインテリア4マトリクス

比較的長く使う物、四季ごとに変える物
（じっくり考えて決めたい）

・自分が毎日使う物
・自分への声かけに使う物

・面積が大きい物
・スペースを大きくとる物
・五感（特に視覚や嗅覚）に訴える物

日用品や消耗品、交換しやすい物
（手軽に交換可能なので気分で変えることが可能）

中島 輝（なかしま・てる）

作家、心理カウンセラー、自己肯定感アカデミー代表、トリエ（torie）代表。自己肯定感の第一人者として、独自の自己肯定感理論の重要性をすべての人に伝え、自立した生き方を推奨することをミッションに活動。新しい生き方を探求する「風輝塾」を開催するほか、中島流のメンタル・メソッドを広く知ってもらうために主催する各種講座は毎回満席。毎月500名以上のカウンセラー、コーチ、メンタルトレーナー、セラピストを育成・輩出している。また、雑誌やオンライン記事等で多数紹介され、掲載数は1,000を超える。著書は『自己肯定感の教科書』『繊細すぎる自分の取扱説明書』（SBクリエイティブ）、『口ぐせで人生は決まる』（きずな出版）など、累計発行部数は62万部を突破、書店ランキングなどで毎回1位を獲得し、海外でも翻訳出版されている。

無料で診断「自己肯定感チェックテスト」
https://ac-jikokoutei.com/checktest

読むだけで自己肯定感が
ぐんぐん高まる365日メルマガ
https://ac-jikokoutei.com/mailmagazine

カバー・本文デザイン　平本祐子
イラスト　根岸美帆（13～111P）
小泉理恵（114～151P）
編集協力　和田方子
編集　森香織（朝日新聞出版　生活・文化編集部）
Photo　shutterstock iStock pixta

自《じ》己《こ》肯《こう》定《てい》感《かん》を高《たか》める インテリアブック

2024年1月30日　第1刷発行

著　者　中島　輝

編　者　朝日新聞出版

発行者　片桐圭子

発行所　朝日新聞出版
〒104-8011　東京都中央区築地5-3-2
（お問い合わせ）infojitsuyo@asahi.com

印刷所　株式会社シナノグラフィックス

Published in Japan by Asahi Shimbun Publications Inc.
ISBN　978-4-02-334152-4